5/12/21

PATHOS
EDIZIONI

Valentina Bertone Linzalata

SCEGLI DI BRILLARE

Pathos Edizioni

Impaginazione: Pathos Edizioni
Copyright: Pathos Edizioni
Prima edizione: Giugno 2021
Foto di copertina: Anna Wojciechowska

www.pathosedizioni.it

La Pathos Edizioni è da sempre vicina a chi è in difficoltà, in particolar modo ai bambini, agli anziani e agli animali. Con il proprio contributo desidera dare una mano a chi è indifeso, convinta che non ci possa essere cultura senza impegno sociale. Ogni anno, in accordo con i propri autori, devolve parte del ricavato a tre Associazioni Onlus (Gli Amici del Mondo di Bea, Kirua Children Tanzania, ENPA - Canile Chieri, Torino) restando aperta ad altre segnalazioni da parte degli autori.

A mio marito e ai miei figli,

il regalo più grande che la vita potesse farmi.

Indice

"Chi sei?"
e tu rispondi:
"Sono un ingegnere"

Dal punto di vista esistenziale la tua risposta è errata.
Come potresti mai essere un ingegnere?

L'ingegnere è ciò che fai, non è ciò che sei.

Non chiuderti troppo nell'idea della funzione che svolgi,
perché vorrebbe dire chiudersi in una prigione.

Osho

Ringraziamenti

È importante ringraziare le persone per quello che hanno fatto per te. Per questo motivo abbiamo deciso di mettere i ringraziamenti a capo del libro non infondo. Saper ringraziare è la cosa più importante.

Ringrazio Sara per avermi sempre spronata a scrivere anche quando io stessa non credevo in quello che facevo. Ringrazio Liliana per avermi aiutato a correggere i testi con occhio professionale. Ringrazio Seda per avermi spinto a scrivere quello che le dicevo nei nostri infiniti caffè. Ringrazio Veronica e Anna per aver letto il libro in anteprima e avermi dato il coraggio di pubblicarlo.

Ringrazio Fabio per i suoi preziosi consigli.

Un grazie speciale alla mia famiglia per avermi dato tutti gli strumenti per essere quella che leggete oggi.

Grazie ad ogni singola persona virtuale o reale che è entrata nella mia vita arricchendola.

Grazie, Grazie, Grazie.

Prefazione

di Fabio Giacchetto

Quando ho conosciuto Valentina, non ero ancora maggiorenne.
Ovviamente neanche lei. Lo saremmo diventati l'anno successivo, e più o meno, entrambi, nello stesso periodo, visto che siamo tutti e due del segno dell'Acquario...
Ricordo che ha presentarmela fu un nostro amico comune, il quale mi aveva parlato di lei come di una persona molto particolare!
All'epoca non conoscevo persone particolari e quindi fui molto incuriosito all'idea di poterne incontrare una.
Ci incontrammo il sabato dopo, in un pub.
Rimasi subito folgorato.
Un guizzo di luce verde smeraldo che spiccava nella penombra marroncina del bar. Al collo un ciondolo d'ametista a completare l'opera insolita. Una stretta di mano e seduti veloci a parlare per tutta la sera.
Non lo sapevo all'epoca, ma da quell'evento sarebbe nata un'amicizia profonda e sincera che perdura tuttora nonostante la distanza che ci separa.

"Devi seguire la tua strada, la tua vocazione" fu una delle prime cose che mi disse. Nascosto dal tavolino osservavo quegli occhi che mi leggevano e mi scrutavano nel profondo. Non sapevo di essere in fase di studio, né tanto meno che lei stava cogliendo le comunicazioni paraverbali che i mio corpo trasmetteva. Sembrava che mi conoscesse da una vita. Mi diceva cose che difficilmente altri potevano sapere. Eppure per lei la mia anima sembrava non avere segreti.
Andai via, quella sera, profondamente scosso per le cose che mi aveva rivelato, che in fondo sapevo anch'io ma che avevo bisogno di sentirmi dire in quel momento.
Ci rendemmo subito conto che avevamo una vocazione in comune, ossia il teatro.
Il lunedì dopo ci saremmo rincontrati, mi aveva, infatti, proposto di frequentare la sua stessa scuola di recitazione. Da quel giorno, per tre volte la settimana ci siamo visti. Il lunedì e il mercoledì andavamo a lezione e il sabato ci incontravamo con amici. Diverse volte ci è capitato di fare vacanze assieme o di andare a trovarci nelle nostre case.
Chiunque avesse a che fare con lei rimaneva ipnotizzato dal suo modo di fare gentile e solare. Quando parlava aveva sempre qualcosa d'interessante da dire.

Se dava un consiglio, se si aveva la decenza di metterlo in pratica, si rivelava sempre molto utile.
Da noi tutti era soprannominata la strega.
Strega inteso in senso positivo.
Forse sarebbe stato più opportuno denominarla Sibilla, ma all'epoca strega ci sembrava più adatto.
Di certo non passava inosservata, pur non mettendosi in mostra. Ammantata del suo fascino misterioso, era impossibile non considerarla ed era doveroso portarle rispetto.
Nel periodo in cui ci vedevamo spesso, mi è capitato in un'occasione di andare da lei con il cuore spezzato. Una storia d'amore finita male, che come tutti i post adolescenti mi stava facendo ammattire.
Ricordo solo che quella sera sfrecciando per le vie di Torino come un razzo non vedevo l'ora di poterla incontrare e trarre conforto dalle sue parole.
Quando salì in macchina non disse niente. Tirò fuori un mazzo di tarocchi e cominciò ad elencarmi tutta una serie di persecuzioni che mi giravano per la testa. Non ricordo quali furono le sue esatte parole. Ricordo solo che più parlava e più mi sentivo leggero. Più parlava e più il mio cuore ritornava ad essere intatto.
Quando me ne andai a casa mi sentii felice e da quella sera iniziai a cambiare la mia vita.

Questo è l'immenso potere di Valentina.
Ci sono persone che riescono a cogliere alla perfezione il tuo stato d'animo del momento perché sono fortemente empatiche. E a volte (dono ancora più raro) riescono a trovare le parole adatte per spronarti ad andare avanti cambiando radicalmente la tua vita.
Quando ho avuto il privilegio di poter leggere il suo scritto, sono piacevolmente ripiombato a quella sera di pioggia in macchina.
L'essenza di Valentina è sempre stata speciale, lenitiva, curativa. Nelle pagine del suo libro, attraverso i suoi occhi si possono percorrere elementi biografici che in un modo o nell'altro riguardano tutti noi. Quello che non sappiamo è che esistono sempre più punti di vista per vedere una situazione. Se ci fissiamo a pensare che tutto quello che accade sia una casualità dell'esterno, continueremo a non evolvere e non cambiare mai.
Se invece proviamo a guardare il tutto in una maniera diversa, allora forse la magia accade.
Tra le pagine di questo libro, un'essenza di saggezza, semplice e scorrevole, offre spunti di riflessione profondi. Senza bisogno di scalare montagne o di ritirarsi in meditazione in foreste sperdute, possiamo andare ad indagare il nostro animo e venire a conoscenza di saperi sopiti.

Valentina questo lo ha sempre saputo e finalmente ha trovato il modo giusto di comunicarlo a chiunque voglia conoscere il messaggio che vuole trasmettere.
Sicuramente la semplicità del linguaggio e l'agilità della sua comunicazione dimostrano chiaramente che il libro che vi apprestate a leggere nasce da qualcuno che indubbiamente sa il fatto suo.

Parella 18 aprile 2021

Introduzione

Mi capita spesso di osservare le persone e pensare a cosa stiano pensando, dove stiano andando e quale ruolo abbiano nella società.

Guardo le rughe d'espressione e penso a quanti sorrisi e o quante lacrime abbiano solcato quei volti.

Guardo le mani, cerco i calli da lavoro, la fede, lo smalto messo bene.

Cerco di capire perché hanno messo quella gonna o quella cravatta: forse un colloquio di lavoro o un appuntamento galante.

Guardo le espressioni, ecco le espressioni sono la mia passione: quando le persone sono assorte nei loro pensieri con le loro micro espressioni riescono a dire tutto.

Quasi mi sembra di sentirle: "chissà se mi ha notata", "chi si crede quello, adesso che arrivo mi sente", "uff sono stanca", "se solo avessi più tempo", "perché sono così sfortunato".

E se queste voci non fossero una mia illusione ma una percezione?

Costatato che non sono schizofrenica, se invece percepissi davvero il pensiero degli altri grazie all'empatia?

Viviamo in un periodo storico molto triste, non siamo in guerra è vero e non moriamo di fame ma siamo molto concentrati sui beni materiali e ci scordiamo di cose fondamentali come la gentilezza.

In questo ultimo anno il mondo che conoscevamo ci è stato tolto, le nostre abitudini sono cambiate e per un attimo ci siamo sentiti in un solo battito.

Sembrava avessimo capito che le cose importanti erano gli abbracci e poi, improvvisamente, siamo ricaduti nel vortice dell'egoismo non riuscendo a guardare oltre la nostra situazione.

Che poi noi, se ci pensate, viviamo nel lato fortunato del mondo.

Siamo nel luogo dove un 30 enne in salute farà il vaccino contro il Coronavirus prima di un medico del Mozambico o dove lavarsi le mani per proteggersi è la norma, mentre in alcuni paesi manca l'acqua nonché il sapone, ma non è abbastanza per noi, abbiamo bisogno sempre di più.

La maggior parte del mondo non si può ritenere così fortunata e noi, che dovremmo essere riconoscenti ogni giorno di essere nati qui, invece, ci comportiamo male con i nostri simili, persino con i nostri cari.

Noi che raccontiamo come educare al meglio i nostri figli e la sera scriviamo in un gruppo di mamme su Facebook le cose peggiori a un'altra mamma, noi che permettiamo allo stato di chiudere i porti o abbiamo paura del diverso perché non lo conosciamo.

Noi, e mi metto in mezzo anche io, che almeno una volta al giorno pensiamo a qualcosa di negativo e cattivo.

Mi domando: come io posso percepire gli stati d'animo delle altre persone, è possibile che tutti i nostri pensieri sommati creino una tristezza e cattiveria globale?

Secondo me dovremmo trasformare questa cattiveria in gratitudine, in amore verso il prossimo e la vita.

Il mondo ha bisogno di questo.

Fateci caso: nell'ultimo decennio la situazione politica globale è andata a ramengo, ci sono palloni gonfiati al governo di quasi ogni stato che se ne infischiano del clima e delle foreste ma si preoccupano a non fare entrare a casa loro (che poi, siamo tutti figli di emigrati) donne, uomini e bambini che sognano una vita.

Badate bene, non ho scritto migliore perché nel loro caso vogliono solo vivere.

Io ho due figli e non li metterei mai su un barcone perché so che le probabilità che muoiano è alta, eppure, se la matematica amica mi dice che è più sicuro il mare che la terra, pagherei perché li prendano e pregherei perché arrivino salvi.

Ma come sia arrivati a questo?

Come facciamo a mangiare davanti al telegiornale guardando servizi di persone come noi che soffrono senza battere ciglio e ci scappa la lacrimuccia appena danno il servizio sugli animali.

Come abbiamo fatto a diventare così falsi verso la vita da pubblicare un sorriso sui social mentre piangiamo?

È possibile che questa situazione è stata creata da tutti noi con le nostre energie e i nostri pensieri?

Se iniziassimo a sperare nel futuro, ad aiutare chi ha bisogno e pensare a cosa c'è di bello nelle nostre vite riusciremmo a cambiare la situazione, almeno a migliorarla un pochino?

È vero che utilizziamo al 100% il nostro cervello ma la forza che esso ha è illimitata.

Il pensiero è illimitato. Se crediamo davvero in qualcosa possiamo fare tutto ciò che vogliamo.

In questo libro vi riporterò degli esempi estremi del potere della mente ma vorrei che fosse chiaro: noi possiamo applicare questa legge nelle nostre vite, non è per pochi eletti.

Se si desidera una cosa bisogna veicolare tutte le proprie energie per ottenerla.

L'errore che facciamo tutti noi è concentrarci soprattutto su gli ostacoli che possiamo incontrare, questo però è uno sforzo inutile.

Ci sono meno probabilità che una cosa vada male piuttosto che vada bene.

L'ago della bilancia siamo noi, con la nostra volontà, i nostri pensieri e la nostra tenacia.

Perché consumare le nostre energie in qualcosa di negativo quando possiamo pensare in positivo?

È una pratica ingenua forse e sempliciotta, non costa denaro e non fa male quindi perché non utilizzarla.

Ovviamente sarebbe utile applicarla per ogni cosa, ogni giorno.

C'è una parola giapponese molto bella per esprimere quello che vorrei capiste con questo libro: Shoganai.

Non c'è una traduzione letterale, il concetto è "ciò che non può essere evitato".

Il suo significato è semplicemente accettare noi stessi, la nostra vita e ciò che ci capita. Accettare che qualcosa può avvenire al di fuori del nostro controllo andando avanti nella vita senza rimanere troppo legate al passato e facendolo senza rimorsi.

La vita ci mette sempre alla prova, viviamo situazioni al limite.

Ci sembra spesso di non farcela e lì che dobbiamo pensare allo Shoganai.

Non possiamo controllare tutto ma possiamo riuscire ad uscirne.

Attiviamo i nostri super poteri e iniziamo questo viaggio insieme.

Scopriamo nuove culture e nuovi modi di affrontare le difficoltà.

Facciamolo insieme.

Cercherò di essere una guida e vi racconterò un po´della mia vita.

Non sono un'esperta o un santone, sono una donna qualunque che ha vissuto momenti belli ed altri brutti.

Prendimi la mano.

Che l'avventura abbia inizio.

Origini

"Se vuoi una cosa che non hai mai avuto devi fare qualcosa che non hai mai fatto"

Thomas Jefferson

Mia nonna, alla quale ero molto legata, quando aveva 17 anni si innamorò di mio nonno e si sposarono.

Fin qui, non fa una piega.

Provo a riformulare la frase.

Mia nonna calabrese negli anni 40 s'innamorò di mio nonno genovese e si sposarono.

Ora va meglio.

Nel dopo guerra era molto sentito il distacco tra Nord e Sud; pensa che nelle case di Torino appendevano dei cartelli con su scritto che non affittavano ai meridionali.

Quelli del Nord Italia erano convinti che portavano le malattie e rubavano loro il lavoro.

Questo concetto purtroppo è attuale.

Leggo con dolore che gli stessi meridionali dalla memoria corta, trattano gli emigranti come i loro nonni sono stati trattati a loro volta.

Questa cosa mi crea un enorme tristezza in quanto dovremmo essere i primi ad accogliere come a nostra volta avremmo voluto essere accolti.

Ma non divaghiamo.

Provate a pensare la gioia della mia bisnonna nello scoprire che il suo figlio prediletto si era sposato una meridionale.

Credo di poterla paragonare alla gioia che potrebbe provare Salvini (e qui invoco il karma) nel trovarsi davanti al primo fidanzato di sua figlia, nero, salvato da un barcone, proprio quello che aveva tentato di bloccare lui venti anni prima, con una laurea e un progetto medico che potrebbe salvare molte vite.

Immagino così la gioia della mia bisnonna.

Lei non sopportava mia nonna solo perché nata al Sud.

Mi raccontava che Le fece le peggiori angherie.

La più eclatante è stata produrre un certificato di morte falso così da far risposare mio nonno con una genovese.

Anche se parte con dei presupposti negativi la sua storia ci insegna molto.

Come prima cosa, sicuramente è che non sai mai dove ti porterà la vita.

Anche se sembra che voglia farti affondare aspetta di conoscere il finale prima di abbandonare la nave.

Finita la guerra mia nonna era rimasta in Calabria per un periodo mentre mio nonno a Genova con la sua famiglia di origine.

Lui, oltre ad essere bellissimo, era un cuoco e partiva spesso in nave per lavoro, per questo non ha raggiunto subito la sua amata.

Intanto la sorella di mia nonna per una negligenza medica (così mi è stato raccontato) morì di appendicite.

La notizia arrivò alle orecchie della mia bisnonna in quanto mio nonno era per mare.

Al suo ritorno, sua madre gli diede un certificato di morte falso, finemente confezionato con il nome e cognome di mia nonna.

Ovviamente, disperato chiamò al paese per fare le condoglianze alla famiglia ma non specificò di quale figlia si stesse parlando.

Di quei tempi, c'era solo un telefono per strada, almeno nella contrada dove abitavano e non sempre potevi parlare con chi volevi.

Dovevi essere breve e conciso, anche nella disperazione.

Lui sicuramente chiese come e dove fosse seppellita, ma il suo errore fu non specificare di quale donna parlava.

Se solo mia nonna o i suoi genitori fossero stati vicino al telefono in quel momento questa storia non sarebbe mai stata raccontata e le parti in gioco avrebbero avuto altre vite, altri risvolti.

Io non sarei qui, o forse sì. Chi lo sa!

Ma andiamo avanti, non ti voglio far perdere il filo della storia.

Non passò molto tempo e l'anziana arpia presentò a suo figlio una donna spettacolare del Nord e si sposarono poco dopo.

Cambiarono casa e tutti i riferimenti telefonici andarono perduti.

Dopo un paio di anni e voci sul nuovo matrimonio, mia nonna decise di prendere le valigie e andare a suonare a tutti i campanelli che riportavano il cognome del marito.

Dopo giorni di ricerche finalmente suonò alla porta giusta.

Ninfa, questo era il nome della nuova sposa, si presentò come la moglie di mio nonno vedovo.

Scattò una rissa con tanto di polizia e mio nonno, arrivato a casa, vide incredulo l'amata defunta e venne subito arrestato per bigamia, nonché soccorso per un mancamento.

Neanche il tempo di capire se si trattava di un fantasma.

Ti avevo detto che avrebbe avuto dei risvolti positivi… ora ci arrivo.

Le notti successive mia nonna non potendo tornare al paese per la vergogna e non conoscendo nessuno dovette dormire nei dormitori della città finché Ninfa non la trovò e se la portò a casa.

Le diede un letto e un pasto caldo fino a quando la situazione non venne chiarita e mio nonno rilasciato, in quanto era estraneo ai fatti.

Anche se ero molto piccola quando Lui morì, ricordo dai racconti di mia nonna, l'accordo fatto da entrambe le mogli su chi avrebbe preso la pensione e alcuni beni.

Senza liti, senza rancore, come due amiche complici.

Ho molti buchi in questa storia perché la mia nonnina mi raccontava piccoli aneddoti senza una sequenza temporale ma ricordo con nitidezza i natali con le due donne e i miei zii di Genova (figli di Ninfa e mio nonno) e la mia famiglia.

Questa è solo una delle tante ingiustizie subite da mia nonna, ma lei non si soffermava su quelle, parlava dell'amore di Ninfa, di suo suocero come la difendeva e di suo marito come aveva gestito la situazione. Con questo atteggiamento sempre positivo lei non si è mai spezzata, piegata a volte sì, ma mai spezzata ed è riuscita nel suo intento.

Nonostante tutto il male che le è stato fatto, mia nonna aveva un obbiettivo: far crescere le sue figlie e stare lontano da sua suocera. Con le sue forze è andata a vivere a Torino e lavorando è riuscita ad avere una casa, del cibo per sfamare la sua famiglia e non solo, ha anche aiutato tanti suoi nipoti che sono venuti al nord per lavoro.

Se lei si fosse concentrata sull'amarezza che la vita le aveva fatto assaporare io oggi non sarei qui a scrivere.

Ma non solo io, anche la vita di tutte quelle persone che lei ha aiutato sarebbe stata diversa.

Grazie nonna per tutto l'amore che mi hai donato e mi hai insegnato a donare.

E Ninfa? In effetti ti ho lasciato con tanti buchi in questa storia.

Ninfa ha avuto due figli da mio nonno e ha vissuto gran parte della sua vita a Genova insieme ad un altro uomo che amava davvero.

Mia nonna, Carmela era il suo nome, ha avuto mia mamma e mia zia e ha vissuto con loro a Torino.

Mio nonno aveva aperto un ristorante a Varazze e ha passato gli ultimi anni con una donna, non conosco neanche il nome, in una casa in riva al mare.

Credo che tutte le parti abbiano raggiunto quello che volevano, forse mia nonna avrebbe voluto non separarsi mai, chi lo sa. Noi nipoti l'abbiamo colmata d'amore e sono certa che siamo diventati la sua ragione di vita.

Come vedete la vita è imprevedibile, non sappiamo dove ci porta e io sfido ognuno di voi a trovarsi in quella situazione senza perdere le speranze.

Se lei avesse ceduto in quel dormitorio non avrebbe vissuto una vita piena d'amore.

Sicuramente Ninfa ha giocato un ruolo importante. Non era tenuta ad aiutare mia nonna, non la conosceva neanche e per di più era venuta a distruggere la sua vita. Invece, ha visto solo una povera donna con una valigia e tanti sogni e ha fatto quello che ogni essere umano dovrebbe fare: aiutare il prossimo senza preconcetti, con gentilezza.

Cerca di essere come mia nonna soprattutto nei momenti più bui.

Chiediti come poter fare a raggiungere un obbiettivo e non pensare a cosa ti ostacola.

Sii caparbio e sognatore e credici fino in fondo, la mente ti sarà amica e scoprirai dei super poteri che non credevi neanche di avere.

Sii lungimirante, non fermarti al domani, immagina il futuro.

In ogni momento la nostra vita ci può sorprendere.

Anche quando sembra tutto perso puoi rilanciare i dadi e vincere la tua partita.

Non ti abbattere mai.

Si come mia nonna.

Credici.

Il Festival dei 9 Dèi Imperatori

"Tutti hanno fede in Dio sebbene nessuno lo sappia. Perché chiunque ha fede in se stesso e questo, moltiplicato all'ennesimo grado è Dio. La somma totale di tutto questo è Dio. Noi possiamo non essere Dio, ma siamo di Dio, anche solo come una piccola goccia d'acqua è dell'oceano"

Mahatma Gandhi

Cinque anni fa mi sono sposata con l'uomo della mia vita.

È un'affermazione che può essere sfatata me ne rendo conto, ma per ora è così.

L'ho conosciuto in quarta elementare. Poi ci siamo persi, sfiorati e rincontrati.

Lui è più caparbio di me e forse anche più perspicace perché ha capito subito che le nostre anime non potevano che stare insieme, io un po' più tardi, parliamo di qualche mese non di anni.

Fatto sta che sono tredici anni che siamo qui, sempre più innamorati. Cinque anni fa ci siamo sposati e siamo andati in viaggio di nozze in Thailandia e Cambogia, verso la fine del nostro viaggio siamo arrivati a Phuket.

Ci avevano parlato di questa cittadina come l'anima della Thailandia, se volevi far festa dovevi andare lì.

Al nostro arrivo, invece, abbiamo trovato un paese stanco come un dopo sbornia, ci siamo chiesti e abbiamo chiesto cosa era capitato, come mai sembravano tutti così stanchi.

Il signore che ci faceva da guida ci ha raccontato che era appena finito il "Phuket Vegetarian Festival".

Ingenui e dispiaciuti spieghiamo che siamo dei grandi appassionati di cucina e che ci avrebbe fatto piacere assaggiare prelibatezze vegetariane.

Il nostro nuovo amico scoppia in una risata di pancia, mostrandoci tutti i denti che ancora aveva e noi, con la faccia di chi non sa bene cosa stia succedendo, abbozziamo un sorriso pensando di non aver tradotto al meglio e quindi di non aver capito.

Avete presente i fumetti giapponesi? Quando disegnano la goccia enorme sulla fronte … ecco se fossimo stati in un fumetto quella era proprio la figura esatta che ci rappresentava in quel momento.

Quando finalmente ha smesso di ridere, con la dolcezza di una madre che spiega a un figlio dove ha sbagliato ci racconta che il cibo è l'ultimo dei dieci precetti di questa festa taoista chiamata anche: il festival dei nove Dèi imperatori.

La leggenda parla di un gruppo di circensi cinesi che si recarono a Get-Hoe per esibirsi davanti ad un gruppo di minatori che occupavano questi territori e caddero preda di un virus mortale.

Invece di disperarsi si curarono adottando una dieta vegetariana (da qui il nome del festival) e pregarono i nove Dèi imperatori.

Dopo una settimana erano magicamente guariti.

Per ricordare quell'evento, la gente oggi evita di mangiare carne e rispetta i dieci principi del festival:

1. Igiene e pulizia del proprio corpo per tutta la durata del festival

2. Uso di utensili da cucina puliti e divieto assoluto di condividere posate e piatti con chi non partecipa al festival

3. Essere vestiti di bianco

4. Comportarsi bene, fisicamente e mentalmente.

5. Dieta vegana

6. Niente sesso

7. Niente alcool

8. Chi ha subito un lutto non può partecipare al Festival

9. Le donne in stato interessante non dovrebbero assistere ai rituali

10. Le donne che hanno in quel momento il ciclo mestruale non possono prendere parte ai rituali.

Già qui mi fermerei per analizzare alcuni punti e sottolineare quanto sia importante per questo festival avere una mente libera da pensieri e in grado di "lavorare" al 100%.

6 principi su 10 interessano il potere della mente.

4. <u>Comportarsi bene, sia fisicamente che mentalmente</u>.

Solo essendo positivo, empatico e in pace con il mondo puoi essere preparato a utilizzare tutto il tuo potenziale

6. <u>Niente sesso</u>

7. <u>Niente alcool</u>

Il sesso distrae e l'alcool non ti permette di essere lucido.

8. <u>Le persone che hanno subito un lutto non possono partecipare</u>

9. <u>Le donne in stato interessante non dovrebbero assistere ai rituali</u>

Le prime non sono lucide, hanno un macigno dentro e anche solo una farfalla può scatenare un inferno interiore. Dall'altra parte abbiamo pura felicità, ma da mamma posso dirvi che non si è equilibrati: gli ormoni giocano brutti scherzi.

Ma tutta questa lucidità a cosa serve?

Cerchiamo di capire come si svolge questo festival e come sono strutturati i nove giorni e perché sono così importanti per la mia tesi.

Il giorno prima del festival in tutti i templi viene celebrata la cerimonia di apertura.

In mezzo a tantissima gente, gli adepti issano a braccia e con l'ausilio di corde un lungo palo ricoperto di lamine dorate, chiamato Go Teng.

Il palo serve come scala per gli Dèi per poter arrivare sulla terra dal cielo e raggiungere i fedeli.

Festeggeranno tutto il pomeriggio e a mezzanotte sul palo verranno appese nove lanterne, una per ogni Dio Imperatore.

A questo punto ci troviamo già al giorno successivo e la festa ha inizio.

Il festival si compone di numerosi e spettacolari rituali tutti molto crudi, si va da una classica camminata sui carboni ardenti a bagni in olio bollente per passare a scale fatte con lame su cui salire ovviamente a piedi nudi, a esplosioni di petardi su corpi privi di vestiti.

Ma il cuore della festa, nonché che ciò su cui voglio riflettere sono le perforazioni.

Non stiamo parlando di semplici perforazioni ma di persone prescelte che credono di essere possedute dal

Dio e si perforano la carne con qualsiasi oggetto: pistole, lame, coltelli, pali e qualsiasi cosa vi venga in mente o venga in mente al Dio.

Ho detto al Dio perché sarà lui a scegliere cosa sarà a trafiggere l'eletto.

Non sono rimasta scioccata per questo anche se avrei dovuto ma per il fatto che non sanguinano.

Non sanguinano ripeto.

Come è possibile?

Se lo chiedete vi risponderanno, che essendo loro i prescelti non provano dolore e non sanguinano perché il Dio è dentro di loro.

Secondo me la loro mente è talmente convinta di essere divina che si comporta come se lo fosse bloccando i ricettori del dolore e il sanguinamento.

Cerchiamo di capire qualcosa in più su queste persone.

Gli eletti sono chiamati Mah Song.

Mah in lingua thai significa cavallo, in riferimento all'uso che gli Dèi ne fanno, incarnandosi in loro per tutta la durata del festival.

I Mah Song mostrano poteri sovrannaturali e portano buona sorte alla comunità: attraverso la flagellazione veicolano il male su sé stessi togliendolo così agli altri.

Esistono due tipi di Mah Song:

1) persone non sposate che sono state scelte dagli Dèi per le loro qualità morali

2) quelli che hanno avuto la premonizione riguardo alla propria morte imminente e si possono salvare con la purificazione attraverso il festival.

All'alba si recano al tempio e accompagnati dalla musica del gong e dei campanelli iniziano ad agitare la testa a destra e a sinistra, emettono suoni innaturali e gli occhi cominciano ad andare indietro.

Iniziano ad andare in trance.

Cominciano a sbattere le mani contro l'altare mentre vengono vestiti.

Sempre più forte, sempre più forte.

L'odore dell'incenso ormai sembra essere entrato in ognuno dei presenti.

Continuano a sbattere le mani ora con più violenza.

I tamburi e i campanelli diventano più ritmati.

Un gemito.

Dio ora ha posseduto il loro corpo.

Con gli occhi fermi, quasi come se non si percepisse in fondo alla pupille la loro anima, escono di corsa dal tempio per recarsi in un'arena costruita con delle sedie intorno.

Le persone intorno iniziano a torturarli facendogli piccoli fori dove poi inseriranno qualsiasi cosa venga loro in mente.

Sono pronti ad affrontare ogni tipo di prova, di tortura in quanto, se saranno puri, il dio li proteggerà.

Potrei continuare a raccontarvi del festival ma ci sono lunghi racconti in tutte le lingue su internet e da qui in poi il rito diventa sempre più crudo.

Non voglio farvi fare brutti sogni, voglio solo ragionare con voi sul reale e l'effimero.

Vi ho spiegato il mio punto di vista.

Io sono fermamente convinta che sia una questione di testa, noi possiamo tutto, basta volerlo, ma la mia domanda ora è sulla fede: Con tutti i prescelti che ogni anno partecipano al festival, davvero i 9 Dèi imperatori si moltiplicano per possedere tutti?

Oppure, e questa è molto più in linea con il mio pensiero, noi siamo degli Dei ma non crediamo abbastanza nelle nostre forze per diventare invincibili e con super poteri?

Quando crediamo che siano gli altri a fare qualcosa al posto nostro, come il Dio che preghiamo, la facciamo senza pensarci e per sopravvivenza primordiale ci trasformiamo in super uomini e donne.

Il problema è quando dobbiamo credere a noi stessi, allora troviamo mille scuse e spostiamo l'attenzione sugli altri. Se tutti credessimo in maniera viscerale all'esistenza di un essere superiore saremmo più forti. La fede ci rende tenaci perché se non si trova la forza o la soluzione per risolvere un problema si è fermamente consapevoli che Dio lo farà per noi.

Lui guarisce, giudica, aiuta, punisce e ci accoglie anche nella paura più grande.

La morte.

Ebbene si, sono convinta che chi crede in qualcosa sia più forte.

Se i Mah Song riescono a non provare dolore e non sanguinare perché sono convinti che possono non sanguinare e provare dolore, perché non ci convinciamo che le cose possono andare bene, che possiamo trovare lavoro, che riusciremo ad avere un figlio o che possiamo avere la vita che vogliamo?

Perché i nostri pensieri sono sempre negativi, sottolineano gli insuccessi che incontreremo, quando, invece, dovrebbero concentrarsi su ciò che di bello la vita ci può regalare?

Se hai comprato il mio libro vuol dire che hai soldi per permetterti degli svaghi: non credi di essere fortunato? Prova a trasformarti anche tu in super eroe e ogni mattina quanto ti svegli sentiti il prescelto, perché sei vivo, perché respiri e sei più fortunato di molte persone.

Rallegrati per ciò che hai e cerca anche tu il modo di far star meglio la tua comunità, la tua città.

Sii empatico e felice.

Non è difficile, non hai bisogno di essere posseduto.

Sii il Dio di te stesso. Sempre.

Super forza

"La forza interiore è la protezione più potente che hai. Non aver paura di assumerti la responsabilità della tua felicità"

Dalai Lama

Avete mai sentito le storie su mamme che vedono il figlio sotto una macchina e si trasformano in Hulk scaraventando via la macchina e salvando il proprio figlio?

Come dicevo prima, io sono una mamma e solo l'idea di avere uno dei miei due figli in pericolo mi dà la forza di scalare montagne, attraversare mari a nuoto o alzare tonnellate.

Senza paura e senza incertezza.

Io so che per loro posso fare tutto e in realtà è quello che è successo.

Poco prima che Alexander, così si chiama il mio primogenito, fosse concepito, ci trasferimmo in Germania per fare un'esperienza europea e allargare i nostri orizzonti lavorativi.

Nonostante fossimo entrambi laureati non è stato affatto semplice. Abbiamo dovuto ricominciare tutto da capo, ma con tempi fisiologici diversi.

Mio marito ha imparato prima la lingua, siccome era costretto a utilizzarla per lavorare.

Io invece ho passato la gravidanza e il primo anno a casa (ora sono consapevole che è stato il regalo più bello che la vita mi abbia mai fatto).

L'anno dopo la nascita di Alexander è stato molto duro per me, ho dovuto confrontarmi con tutti i problemi, le fatiche e le paure che si hanno quando diventi mamma per la prima volta, oltre alla solitudine e alla sordità (non sapendo la lingua).

È stato un periodo, non mi vergogno a dirlo, che mi ha portato a pensare sempre peggio di tutte le cose: la vita, le amicizie, il lavoro e il mio futuro.

Mi sentivo solo una mamma senza prospettive.

Anche se, in realtà, essere una mamma è già tantissimo.

Ero in un vortice di tristezza, avevo lasciato andare ogni sogno personale, come se non ci fosse un futuro per me, ma solo pappette e pannolini.

Improvvisamente mi è scattato qualcosa, non so spiegare cosa, ma proveniva dal profondo.

Hai presente quella sensazione che hai dopo aver pianto tanto per il ragazzo/a che ti ha lasciato e nella tua testa pensi solo che non amerai mai più, non sarai mai più felice.

Un giorno, però, ti alzi e magicamente quel senso di vuoto non lo hai più.

Tutto si fa chiaro, la tua vita è chiara e sei pronto per riamare ed essere riamato.

A me è successo così, una mattina, portando Alexander al nido con i capelli arruffati e la tuta, ormai rassegnata alla vita che avevo, mi sono chiesta: che tipo di madre, moglie e donna voglio essere?

Che cosa penserà mio figlio fra cinque anni di me?

Si vergognerà della mamma che avrà quando parlerà con le maestre?

Così è iniziata la mia rinascita.

Mi sono ricordata tutti i miei punti di forza, ho ricominciato a studiare tedesco, ho cercato un lavoro e mi sono messa a progettare eventi per aiutare altre persone nella mia condizione.

Non solo ho ricominciato ad aiutare le persone con quello che considero il mio potere, ovvero l'empatia: quella magia che mi è sempre venuta naturale, ma che con il tempo ho dimenticato di avere o forse avevo semplicemente smarrito la bacchetta magica che per fortuna è tornata da me.

In più, ho iniziato a essere grata alla vita per quello che avevo, non per quello che non possedevo, e ogni santo giorno ho ringraziato me stessa per le cose che facevo, invitandomi a farne sempre di nuove.

Questa pratica è diventata la mia routine quotidiana: mi alzo dal letto grata di poterlo fare e vado a dormire ripercorrendo tutta la giornata, scovando il momento migliore per addormentarmi con il sorriso e dolcemente.

Ora sono la migliore amica di me stessa.

Sono la parte migliore di me.

Prima incolpavo mio marito perché, siccome lavorava, stava poco a casa ed io dovevo fare tutto.

Ero arrabbiata con la mia famiglia perché non riusciva a essere presente come avrei voluto e non sopportavo alcuni miei amici pensando che mi avessero abbandonato.

Il mio più grande errore era ricoprire gli altri di mie colpe, quando il malessere l'avevo dentro.

È facile dire "non trovo il lavoro" se non si cerca in modo corretto, o lamentarsi del poco tempo che si ha, se quello che si ha lo si butta.

Passiamo la maggior parte della nostra vita a lamentarci per tutto, quando questo tempo dovremmo utilizzarlo per ringraziare per ciò che abbiamo.

Analizzate le due versioni della mia storia.

Nella prima c'è una mamma a casa che si sente isolata dalla famiglia e ha difficoltà a parlare con il pediatra, con le maestre o a capire cosa comprare e non ha un lavoro.

Una mamma stanca che si sente sola e abbandonata.

Una donna che ha amici, non è sola, ma si è chiusa a riccio e non permette a nessuno di rompere la corazza di dolore per far entrare luce.

Nella seconda c'è una mamma a casa – ha qualcuno che va a lavorare per permetterle di non pensare ad altro che a suo figlio –; isolata dalla famiglia – può prendere un aereo, un treno e raggiungerli perché ha tempo –; ha difficoltà a parlare con il pediatra, con le maestre o a capire cosa comprare – nel tempo che ha a disposizione può studiare o partecipare ai corsi gratuiti che la città offre-; non ha un lavoro.

Io cercavo lavoro nel marketing e la comunicazione perché questo era il mio lavoro in Italia, ma dovevo abbassare le pretese fino a che non avessi imparato la lingua o capire quale lavoro era veramente fatto per me.

Ero convinta che una laurea in tasca mi permetteva di candidarmi come manager ma non era così.

Mio marito, ad esempio, in Italia era manager in un'azienda di telecomunicazioni, aveva più di 100 persone da gestire.

Essendo un ingegnere pensavamo che arrivati in Germania il lavoro era lì ad aspettarlo ma non è stato così. Lui ha cercato lavoro per otto interminabili mesi ed infine ha iniziato a lavorare come operatore in un call center.

Ora a distanza di cinque anni ha il lavoro che voleva ma non è stato scontato, ha dovuto scendere a compromessi con il suo ego e lavorare sodo.

Niente è dovuto, se vuoi qualcosa devi impegnarti per averla, piangersi addosso non aiuta.

Per quanto riguarda me, invece, dovevo trovare il mio Ikigai… ma ne parleremo più avanti.

Ovviamente ora sembra tutto molto facile, ma credetemi se vi dico che vi capisco.

Quando si passano dei momenti bui dove la luce non arriva mai e tutto sembra remarci contro non è facile pensare positivo, ma bisogna farlo, non serve a nulla continuare a stare male, peggiora solo le cose.

Oggi per caso ho visto un video che mi ha fatto riflettere molto: c'era un professore che chiedeva ai suoi alunni quanto pesava il bicchiere con l'acqua che aveva in mano.

Ci furono molte proposte in grammi.

Il professore disse allora che le risposte che loro davano in grammi erano riferite al peso specifico del bicchiere con l'acqua, ma erano sbagliate, perché il vero peso cambiava a seconda del tempo.

Questa similitudine l'ha trasportata ai problemi: ha fatto notare che un bicchiere che pesava 250 grammi tenuto 2 minuti era molto leggero, ma dopo ore diventava insopportabile.

Così, quando abbiamo una cosa che ci dà preoccupazioni, se la teniamo nella nostra mente per 2 minuti non ci crea problemi, ma se la teniamo per ore e giorni ci logora dentro.

È difficile fare le cose per noi stessi, come dicevo nel capitolo precedente, è più facile credere che ci sia Dio che ci aiuti.

In questo caso per la forza abbiamo bisogno di qualcuno che ci aiuti a sprigionarla, che ci istruisca come incanalarla.

Nel mio caso è stato mio figlio, ma sono stata io a fare il resto.

Lui mi ha dato uno scopo, io ci ho messo la forza.

Ringraziatevi più spesso e gioite per le vostre vittorie.

Mi è capitato di leggere di persone che davvero hanno la super forza, quella fisica intendo, non mentale.

Ho letto di una donna nel 1982, Angela Cavallo, che ha alzato una tonnellata e mezzo per salvare il figlio imprigionato; e di Lauren Kormacki, vendidue anni, che nel 2012, per salvare il padre intrappolato, ha sollevato una BMW 525.

Nel 2005 Tom Boyle alzò una Camaro sportiva per salvare la vita a un ciclista; e potrei andare avanti all'infinito.

Il punto non è quante persone, ma come.

Quando ci troviamo in condizioni estreme come la lotta tra la vita e la morte tiriamo fuori con ogni fibra del nostro corpo dei super poteri che potremmo utilizzare ogni giorno in quanto fanno parte di ognuno di noi.

I più attenti e pignoli potrebbero replicare che gli ultimi esempi portati sono frutto di un Rush di adrenalina o di una "Forza Isterica", non di una forza di volontà.

Avrebbero ragione; ma per me non è importante raccontarvi chimicamente cosa accade ad un corpo sotto stress perché non sono un medico; a me interessa ragionare come il corpo e la mente agiscono durante situazioni estreme e capire come attingere a questa forza nella vita di ogni giorno.

Forse dobbiamo cominciare a immaginarci con il mantello e chiederci per chi siamo supereroi.

Io so di esserlo per i miei figli e mio marito lo è per noi.

Questo ruolo mi permette di dare sempre il meglio.

Tu per chi sei un supereroe?

Tutti siamo importanti per qualcuno anche se non lo crediamo, prova a guardare realmente intorno a te e ti renderai conto che c'è qualcuno che senza di te non potrebbe vivere.

Sii la parte migliore di te per lui e poi diventalo per te stesso.

La profezia che si autoavvera

"La vita è come il caffè: puoi metterci tutto lo zucchero che vuoi, ma se lo vuoi far diventare dolce devi girare il cucchiaino. A stare fermi non succede niente"

Thomas Jefferson

William H. Thomas scriveva: "Se gli uomini definiscono come reali certe situazioni, esse sono reali nelle loro conseguenze.".

Prendiamo questa frase come punto di partenza.

Vi è mai capitato di pensare così intensamente ad una cosa e poi vederla materializzata?

Oppure, siete più i tipi che sperano che non capiti nulla che li faccia arrivare in ritardo, ma che alla fine ci arrivano comunque?

Come iniziate la vostra giornata?

Siete come me, eccitati per il nuovo giorno oppure dichiarate la giornata appena iniziata fallimentare solo perché è suonata la sveglia?

Tutto ciò che pensiamo influenza la nostra vita in maniera positiva o negativa.

Se tutto va storto, dal toast bruciato alla metro persa, dipende da noi, da come prendiamo le cose, da come la nostra mente elabora gli eventi.

Un caffè finito per terra può essere una tragedia oppure una possibilità: potresti scoprire un bar nuovo sotto casa o, se ti rechi al lavoro, potrebbe essere lo spunto per una chiacchierata con un collega davanti alla macchinetta del caffè.

Noi siamo gli artefici del nostro destino, nel bene e nel male.

La sfortuna e la fortuna non esistono: esistono la perseveranza, la possibilità e la frustrazione.

Siamo noi, qui e ora.

Mi ricordo una lezione affascinante di sociologia applicata all'università.

Parlavamo della "profezia che sia autoavvera" ovvero di una previsione che si realizza per il solo fatto di essere stata espressa.

In pratica tu scrivi che nel weekend non ci sarà più benzina e tutti si recheranno a far carburante in modo da far esaurire le riserve: così non ci sarà effettivamente più carburante nel fine settimana.

Il sociologo Merton, che ne è lo scopritore, chiarisce che si può applicare al comportamento umano.

Per esempio se mi convinco che mio marito mi voglia

lasciare, innescherò dei comportamenti che porteranno alla rottura.

Questa tecnica può anche essere applicata al giornalismo o al marketing.

Nel 2019 la Ferrero lanciò i nuovi biscotti della Nutella.

Li ho assaggiati, caduta anche io consapevolmente nella rete, buoni, ma pane e nutella è imbattibile.

Ebbene, quando c'è stato il lancio la stampa e i media hanno scritto tantissimi articoli sul fatto che la produzione non stava al passo con la domanda.

Questo ha portato, chi voleva provarli, a cercarli in ogni supermercato, e chi li trovava a comprarne più buste per averne una scorta a casa.

Sui social le persone postavano le foto dell'acquisto come trofei.

Come la stampa fa comprare più benzina o la Ferrero dichiara di vendere più biscotti prima di farlo, tu puoi utilizzare questa tecnica come una magia a tuo beneficio.

Proviamo ancora ad applicarla.

Tu pensi di non valere nulla.

Quando incontri le persone e parli di te stesso non hai nulla da dire; se ti chiedono del tuo lavoro, parli poco oppure pensi che non c'è nulla da spiegare.

Quanto c'è di vero in queste parole?

Ricorda: le persone credono in quello che tu pensi e tu realizzi ciò che credi.

Vi avevo parlato del mio periodo di blackout…

Mi ricordo che quando uscivamo insieme con gli amici chiedevano sempre come stavamo e come andava il lavoro.

Odiavo quella parte.

Volevo urlare: "Quale lavoro? Sono a casa h24 e non so neanche chiedere un bicchiere d'acqua!", invece mi rannicchiavo in un angolo e incolpavo il mondo per essersi messo contro di me.

Quando ero costretta a spiegare, elencavo una serie di scuse per giustificare la mia situazione, spiegando che non era dipesa da me, ma dagli eventi, senza rendermi conto che in quell'istante stavo prendendo in giro solo me stessa.

Per di più raccontavo una storia non vera.

Io non ero quella.

Ero diventata l'ombra di me stessa.

Ero una donna che giustamente era a casa per la maternità in un paese straniero e se avesse voluto avrebbe potuto essere chiunque, ma non lo voleva e si presentava come lo stereotipo della casalinga disperata.

Permettevo che si auto avverasse l'immagine distorta che avevo di me.

Quando ho avuto la mia rinascita ho iniziato a raccontare quella che sarei diventata e piano piano non erano più solo racconti, ma realtà.

Le persone erano sempre più interessate a quello che facevo ed io ero sempre più felice di raccontarmi.

Le dinamiche della mia vita non sono cambiate, anzi ho raddoppiato i figli, ma io sono cambiata.

Il mio pensiero è cambiato.

Ora immagino chi voglio essere, non ciò che non sono.

Ora, ascoltami.

Siediti e prendi carta e penna.

Se non hai la carta vai a fine capitolo, ho creato un foglio per te!

Elenca ciò che hai da offrire di positivo.

Nulla è inammissibile.

Scrivi ogni cosa che ti viene in mente, anche un abbraccio.

È importante che tu prenda consapevolezza della persona magnifica che sei.

E se stai pensando che tu non sei speciale, sbagli.

Tutti noi lo siamo, solo che a volte non ci ricordiamo come si fa a brillare.

Così come la stampa manipola gli eventi, tu puoi manipolare la tua vita.

Inizia a curare il tuo aspetto, pensa al lavoro che avrai e a come lo otterrai.

Pensa alle cose che vorresti ottenere, sia materiali che non.

Cerca di pensare a cose possibili, se no è facile dire che non funziona.

Ad esempio, se non hai fatto medicina non sognare di diventare un medico domani, non ci riuscirai. Se vuoi diventare medico tu potrai esserlo, ma devi essere consapevole che ci metterai almeno 10 anni.

Tutto è possibile, basta volerlo.

Ora che hai capito le istruzioni per l'incantesimo puoi fare la magia.

Quando incontri qualcuno, parla di te stesso, racconta i tuoi pregi e i tuoi sogni. Descrivi i tuoi passi futuri e come otterrai quello che desideri.

Fa sì che la profezia si auto avveri.

Siamo fatti di energia e ciò che pensiamo influenza il nostro cammino.

Io ogni mattina mi rallegro per ciò che possiedo perché so di essere fortunata.

Bada bene, sono fortunata perché mi sveglio ogni mattina, sai quante persone non hanno questo privilegio?

In questo ultimo periodo abbiamo vissuto l'incertezza del domani, quindi sai bene che il risveglio è diventato un privilegio.

La fortuna non è avere i soldi ma avere gli affetti e la salute.

I soldi sicuramente aiutano, ma senza le prime due non te ne faresti nulla.

Penso al fatto che sto scrivendo con le mie mani …

Prima di disperarti per la sfortuna che ti circonda conta tutte le dita che possiedi.

Fallo.

Fallo ora.

Davvero contale.

Hai una grande fortuna ad averle tutte.

Diventa il profeta della tua vita e condiziona gli eventi.

Esplicita la tua profezia e fai in modo che si auto avveri.

Crediamo in cose effimere come la sfortuna e la fortuna, perché non credere in noi stessi?

Non è colpa degli altri, della vita: di tutto se ti accadono alcune cose, è solo colpa tua.

Alzati e prendi in mano la tua vita, sprigiona il tuo potere.

Fai questa grande magia per te stesso.

i tuoi pregi

1.

2.

3.

4.

5.

6.

7.

8.

9.

10.

Lettura del pensiero

"Fortuna: unica spiegazione ammissibile per il successo altrui"

Georges Elgozy

Mi hanno sempre dato da pensare le storie basate sui gemelli che riescono a sentirsi e a provare le stesse emozioni, lo stesso dolore anche se l'uno è dall'altro capo del mondo rispetto all'altro.

Di solito se ne parla quando accadono eventi traumatici.

Non ho mai capito se mi affascina o mi inquieta.

Essere legato così tanto a una persona da sentirla come la tua stessa persona.

Questa dote di sentire cosa accade all'altro è una caratteristica che hanno anche le mamme con i propri figli.

Pensando a mia madre mi ricordo che lei sapeva quasi sempre cosa combinavo, soprattutto quando facevo delle stupidaggini.

Ma come faceva?

Sicuramente è un sesto senso, ma non solo: a parer mio, come avviene per i gemelli, è l'attivazione di un canale.

Come una porta lasciata aperta: hai completa fiducia in quella persona, quindi lo scambio di energie è puro.

Come vi avevo detto in precedenza, io adoro osservare le persone e un gioco che a volte faccio è raccontare a loro cosa hanno vissuto.

Ovviamente lo faccio con chi ho appena conosciuto, se no l'effetto scenico svanisce. E poi non è un segreto, quindi basta conoscermi un po´ per sapere di questo mio giochino.

Vi assicuro che è molto divertente vedere le loro facce sbalordite che mi guardano con gli occhi sgranati sperando che gli dica anche cosa accadrà nel futuro.

Mi ricordo l'estate del 2020; sono tornata a Torino e siamo passati a bere in un locale di nostri amici nel centro città. Mentre parlavo con la proprietaria, una mia amica, si avvicina una donna magra con una pancetta che indicava che aveva partorito da un annetto o poco meno, una collana con il profilo della Sicilia, la fede e un tatuaggio piccolino sulla caviglia raffigurante il segno del toro.

Per scherzare la mia amica le ha detto che di lavoro facevo la sensitiva. Intanto mio marito rideva, sapeva che sarebbe partito lo show.

Come capita spesso in queste occasioni la "malcapitata" mi chiede cosa vedo.

Le prendo la mano e con gli occhi chiusi le dico che vedo una donna con una bimba bellissima (nascono più donne che uomini, ci ho provato) che in questo momento stava dormendo tra le braccia sicure di una donna.

Di solito i neo genitori lasciano i figli dalla babysitter, donna o alla nonna.

Si va a tentativi, poi in base all'espressione che scaturisce dalla mia affermazione, mi correggo oppure rafforzo.

Le ho detto che lei era nata a maggio e che era del segno del toro, sposata e felice, ma con tanta malinconia per la sua terra. Ho aggiunto che le mancava l'odore di salsedine e fichi d'india con delle note di agrumi e gelsomino.

La donna sgrana gli occhi, spaventata e incuriosita, chiedendomi cosa vedo nel suo futuro.

Io faccio una pausa scenica per poi risponderle: "Niente. Non vedo nulla, non sono una sensitiva, ti ho solo raccontato con enfasi cosa comunicava il tuo corpo."

Certo che a pensarci bene sarei potuta diventare ricca con questo giochetto, essere pagata per raccontare storie sul futuro.

Nessuno mi avrebbe potuto contraddire. Il futuro è futuro!

Lungo la mia vita mi sono sentita spesso chiamare "strega" e quasi ci credevo ad un certo punto (avevo quindici anni e il cervello conclude la sua formazione a ventuno quindi ci sta, non mi giudicare male).

Ora, in età adulta, ho capito che avevano in qualche modo ragione, magari non per il significato storico della parola, ma qualcosa di speciale c'è davvero.

Sarebbe anche stato bello avere la dote del teletrasporto, così avrei potuto mangiare una pizza a Napoli vivendo in Germania.

A pensarci, se i poteri esistessero davvero, anche la telecinesi non sarebbe stata male: vuoi mettere la comodità di prendere il telecomando stando seduti, ma solo con la forza del pensiero?

Puoi anche chiamarmi strega a questo punto, non mi offenderei, anzi, ne sarei lusingata.

Ho fatto un lungo viaggio per conoscere me stessa e ora, quasi quarantenne, so quali sono i miei poteri.

Non è stato facile individuarli.

Ho capito che riesco a leggere il pensiero (comunicazione non verbale) e che amo scovare e uccidere demoni.

Dopo aver trovato i miei e dopo averli invitati ad un tè costruttivo, ho cominciato a parlare anche con quelli delle persone che si fidavano di me.

Molte volte li ho convinti a collaborare, i demoni intendo, altre, mi sono resa conto che avevano bisogno di una strega più potente e quindi ho invocato il sacro potere della psicologia e li ho invitati ad affidarsi alle mani esperte di un professionista.

Chiedere aiuto non è una sconfitta, anzi, è una vittoria.

Bisogna lasciar fare ad ognuno il proprio lavoro.

Il terzo potere è decisamente l'empatia, che poi, ad per essere pignoli, è un'espansione del primo.

Proprio così, io comprendo le persone nel profondo e loro con me si lasciano andare, si spogliano dei loro inganni e si raccontano.

Non li ipnotizzo per fare ciò, semplicemente li ascolto con interesse e attenzione.

L'empatia però a volte è anche un peso perché non decidi tu cosa ti può interessare e cosa no.

Tutto ti tocca.

Per me è così almeno.

Guardare un telegiornale o leggere la Home di Facebook mi fa stare realmente male.

Ti ricordi nel settembre del 2015 quando trovarono quel bambino di 3 anni con la maglia rossa sulla spiaggia che cercava con i suoi connazionali di avere una possibilità di vita?

Bene, io non l'ho mai dimenticato, a volte quando mio figlio dorme in quella posizione mi viene da piangere per lui, per sua madre e per tutte le persone che ogni settimana perdono la vita in quel tratto di mare.

Mi sento inerme davanti a queste catastrofi e mi piange il cuore vedere il nostro mondo andare in a pezzi per il menefreghismo delle persone, troppo concentrate su cose futili per accorgersi che stanno distruggendo il nostro futuro.

Vorrei trovare una soluzione, ma non credo di avere le competenze né la posizione sociale per fare ciò.

Ho studiato comunicazione e scrivere questo libro rientra nelle mie abilità.

Forse è questo il mio mezzo, non per salvare il mondo, ma magari per aiutare te.

A me questo già basterebbe.

Dicevo l'empatia... le persone quando mi parlano abbattono tutte le loro corazze perché sanno che non potrei mai ferirle.

Non è nella mia indole, io provo gioia se qualcuno fa meglio di me o ha più soldi.

L'invidia oltre ad essere inutile non è sana.

Leggo molto, anche i social network aimè.

Instagram puoi controllarlo, scegli chi vuoi seguire, mentre su Facebook trovi notizie deliranti nella Home.

Nel 2019 dilagava della cattiveria immotivata nei confronti di Greta Thunberg, una ragazzina all'epoca 17enne che lottava per un ideale, scuotendo le coscienze di tutti.

Anche se avesse combattuto per avere più patatine nel menù di classe dovremmo farle ugualmente i complimenti, perché invece di fare come tutte le sue coetanee e truccarsi per andare in discoteca lei ha fatto in modo di farsi ascoltare.

E diciamolo, ha fatto molto più di te e me alla sua età.

Ho letto dei post in cui la chiamavano Gretina, per assonanza con Cretina.

Ma stiamo scherzando?

Una persona adulta come può prendere in giro una ragazzina. Ma poi perché?

Cosa ti dà così fastidio di lei?

Senza toccare il sociale parliamo di un argomento terra terra: i Ferragnez.

Super criticati, parole negative su di loro e persino sul loro figlio.

Perché?

Il fatto che abbiano bellezza, fama e soldi toglie qualcosa a te?

Credo che il principio sia che se non puoi ottenere una cosa allora la critichi per renderla non appetibile.

Se desideri tanto la loro bellezza e la loro fama perché non provi ad ottenerla?

Io credo che siano così criticati perché ognuno di noi può essere loro.

Non sono nati milionari: lui era un rapper di periferia e squattrinato, lei si è inventata un mestiere.

E non tirarmi fuori il fatto che il padre di lei era dentista, perché non era il signor Hilton, quindi se ci sono riusciti loro puoi farlo anche tu.

Capire gli altri, essere empatico, ti può aiutare in tutti i settori della tua vita.

Per prima cosa devi iniziare ad ascoltare realmente te stesso e dopo gli altri.

Come?

Se noti che una situazione, una persona che non conosci ti infastidisce (tipo i Ferragnez) chiediti perché.

Ad esempio: Chiara Ferragni posta una foto in reggiseno.

Gli hater scrivono che non dovrebbe vestirsi così in quanto mamma.

Se dà fastidio anche a te, chiediti il perché.

Il suo corpo è sexy nonostante abbia partorito e tu stai cercando di perdere i tuoi kg da 3 anni? (Questa è genetica, non puoi farci nulla, mi dispiace; se vuoi dimagrire mangia sano e fai attività).

In ogni situazione in cui proviamo un sentimento forte, dobbiamo cercare di capirne l'origine.

Solo così avremo la cura.

Magari quella foto ti infastidisce perché hai avuto un'educazione rigida e puritana e per quanto ti piaccia nel profondo senti le urla dei tuoi genitori che ti dicono che è sbagliato.

Se hai un problema cerca di risolverlo e se non riesci da solo cerca un professionista che ti aiuti a farlo.

Non si chiama debolezza, ma maturità.

Anzi, ammettere di avere un problema e cercare di risolverlo è segno di grande forza.

È più facile incolpare gli altri per i nostri errori piuttosto che ammettere a noi stessi di aver sbagliato o di aver bisogno di aiuto.

Per quanto ne sappiamo, la vita è una ed è giusto che tu la viva al meglio.

Qui e ora.

Secondo passo che dovresti fare: ascolta sempre chi ti parla, senza pregiudizio, con un ascolto incondizionato.

Se qualcuno ti fa una videochiamata, parla con lui, non guardare la tv dietro o un'altra app.

Magari fai durare di meno la chiamata, ma aumentane la qualità.

Fare tante cose contemporaneamente non ti fanno guadagnare tempo, te lo rubano.

Se qualcuno ti parla non guardare l'orologio o il cellulare.

L'ascolto ha bisogno di vista e udito.

Prova a riflettere.

Se qualcuno ti dice ti amo con la faccia schifata tu cosa percepisci se non lo guardi negli occhi?

Che ti ama.

Quando però la vostra storia finisce perché lui o lei della situazione ha trovato qualcuno che riesce veramente ad ascoltare, tu piangi e vorresti in dietro il tempo che hai letteralmente buttato scorrendo la home di FB.

Terzo passo: fai qualcosa per gli altri, prima una volta al mese, poi una a settimana ed infine una al giorno.

Non hai bisogno di donare un milione di euro ai bambini in Africa, basta che tu abbia cura delle persone.

Per esempio, vedi qualcuno che sta venendo verso l'ascensore dove stai aspettando di partire? Bloccalo e fallo salire con te.

L'empatia è un super potere che va sviluppato per far bene a noi stessi e al mondo intero.

C'è troppa cattiveria e egoismo sul nostro pianeta, c'è bisogno di più gentilezza e altruismo per bilanciare l'equilibrio del sistema.

Io mi immagino le persone con un fascio di luce colorata, a seconda della loro anima, che girano indisturbati tra le vie delle città.

Ovviamente le anime "buone" sono luminose, mentre gli altri le hanno nere.

La luce vince sempre sul buio, sii la luce di cui la tua mente ha bisogno.

Sii la luce che serve al mondo.

Non ti rendi nemmeno lontanamente conto di quanto la tua vita può essere luminosa e importante per ogni essere vivente.

Sii il cambiamento, sii luce.

Super velocità-Flash

"La velocità non giova a nulla
se si corre nella direzione sbagliata"

Proverbio Indiani nativi d'America

Ah! le giornate di quarantotto ore, come sarebbero belle!

Questo discorso è valido ad ogni età, si intende.

Capita sempre una cosa molto strana, dai 15 anni in su capita sempre una cosa molto strana: non abbiamo tempo.

Iniziamo una cosa, ma pensiamo già a quella dopo, come in una giostra da cui non riusciamo più a scendere.

Tra studio o lavoro, compiti e vita sociale ci sembra di annegare letteralmente e il risultato è che ne usciamo senza fiato.

Persino nel periodo del corona virus, dove di tempo ne avevamo in abbondanza, ci sembrava di non averlo.

Per non parlare di quando arrivano i figli; lì la situazione si complica in maniera irreparabile.

La mole di lavoro rimane la stessa di prima, ma con meno tempo per fare tutto, contando anche, che devi accudire uno o due o più teneri pulcini che hanno bisogno della tua attenzione e di essere vestiti, nutriti, puliti e così via.

Ci si ritrova a chiedersi: "ma prima cosa intendevo quando dicevo che non avevo tempo?".

A questo punto non rimane altro che tirare fuori uno dei tanti poteri racchiusi dentro di noi: la super velocità!

Girando in un vortice arancione e giallo ci trasformiamo in Flash e in un nano secondo facciamo tutto e anche un bagno caldo.

Beh magari! Sarebbe bello…non esageriamo ora.

Ma di quali abilità abbiamo bisogno per ottenere la super velocità?

Prima di tutto l'organizzazione.

Imparare ad organizzare il nostro tempo e quello degli altri ci è utile a ridurre il tempo impiegato nello svolgere le mansioni.

Se poi lo applichiamo anche all'organizzazione domestica abbiamo fatto bingo.

Innanzi tutto bisogna fermarsi e respirare.

Liberare la mente concentrandoci sulla respirazione e prendere consapevolezza del super potere acquisito.

Se può essere di aiuto, immaginate il vostro nuovo potere che entra dall'alluce e si diffonde in voi fino a farvi brillare.

Respirate ancora.

Ora che avete liberato la mente e quel senso di annegamento è svanito, prendete carta e penna, per i più tecnologici il pc, e scrivete una lista di cose che normalmente fate durante la giornata e riordinatele.

Se non hai la carta a portata di mano vai a fine capitolo, ho creato un foglio per te!

Riordinala dalla più importante (da fare assolutamente tipo andare al lavoro) alla meno importante (esempio comprare il pane).

Tenete la lista lì, quando avrai finito il capitolo riprendi la lista in mano e riorganizzala in base ai tuoi tempi.

Ora possiamo procedere con il passo due ovvero il costruirsi una routine.

Cerchiate le cose che fate davvero tutti i giorni.

Se vi può essere d'aiuto usate colori differenti a seconda dell'importanza o della categoria.

Lo so, può sembrare noioso ma stiamo parlando di sopravvivenza, non di divertimento.

Io, per esempio, tendo a svegliare mio figlio all'ultimo minuto per permettergli di dormire il più possibile, riducendomi a doverlo preparare e a prepararmi in 30 minuti.

Quindi metto il pilota automatico, ovvero faccio sempre le stesse cose.

5/6 minuti di abbracci, poi ci sediamo a tavola (già pronta con colazione), lui mangia io vado in camera sua e prendo i suoi vestiti e li adagio sul divano, poi vado in camera mia faccio il letto e prendo i miei.

Quando torno lui ha già finito e se non ha finito lo invito a muoversi.

Entrambi andiamo in bagno e ci laviamo faccia e denti e io mi trucco poi vado in salotto lo cambio e poi mi cambio. Scarpe e via.

Ho tralasciato il caos, ovvero, lui che scappa e io che lo rincorro e 1000 "dai Ale che è tardi!".

La routine permette a me di fare tutto in maniera fluida e collaudata e a lui di assecondarmi perché sa già cosa lo aspetta.

Per i bambini piccoli, sapere cosa sta per succedere li aiuta a stare più tranquilli.

In questo modo, dopo molti tentativi riesco a fare tutto ciò che facevo in un'ora nella metà del tempo.

Molti credono che essere organizzati sia vincolante.

Ebbene, l'unico vincolo è nella vostra mente e voi siete l'unico nemico di voi stessi.

Siamo troppo abituati a dare la colpa agli altri e a fatti esterni per renderci conto che invece la colpa è nostra.

In questo caso, noi diremmo: "non ho tempo!", invece la frase corretta è "come mi organizzo?".

Tutto è possibile, è importante il modo in cui si affrontano le cose.

Prima vi parlavo di consapevolezza.

Un altro esercizio che faccio è ricordarmi cosa sto facendo.

Prima vivevo la situazione della mattina con molto stress, poi ho capito che non aveva alcun senso.

È normale che lui voglia giocare oppure che sia lento e che pianga.

È un bambino, questo è fondamentale ricordarlo.

Noi siamo gli adulti.

Lui ha tre anni ora e io, invece di sgridarlo, mi devo ricordare di quanto sono fortunata ad averlo e di avere la fortuna di portarlo a scuola.

In più devo rispettare la sua età, non posso pretendere che lui si comporti come un adulto, per quello avrà tutta la vita.

Questa regola è valida anche per il lavoro.

Ci sono giorni che si vorrebbe essere in tutt'altro posto, non si ha proprio voglia di andare a lavorare oppure dobbiamo fare qualcosa che non ci va proprio.

In quei casi, ricordiamoci che abbiamo un lavoro, che non tutti possono godere di tale privilegio e che a fine mese riceviamo uno stipendio.

Se poi la situazione è insostenibile andiamo più nel profondo e cerchiamo di capire cosa dovremmo fare per migliorare la nostra vita, come cambiare lavoro ad esempio.

Rimanendo nel qui e ora.

È vero che il lavoro lo dobbiamo svolgere, ma nessuno ci dice come.

Il trucco che mi fa stare bene è coccolarmi ad ogni obbiettivo raggiunto, con una pausa o una chiacchera.

Quando studiavo, alla fine di ogni capitolo mi concedevo una piccola distrazione o qualche dolce.

In questo modo ero più spronata e acceleravo la mia velocità per finire il capitolo, a discapito della mia linea ovviamente.

Ora nel lavoro non posso fare tutto ciò che voglio, ma l'abitudine della coccola mi è rimasta.

Se non posso fare pause fisiche le faccio mentali e immagino me che torno a casa.

La pace dopo la cena e la soddisfazione di aver terminato ciò che ho iniziato.

Un altro trucco che utilizzo è fare una "to do list" a ogni inizio giornata, incluse pause e coccole.

Per alcuni è perdere tempo.

Per me è guadagnarlo.

Come in tutte le cose non bisogna essere rigidi, è normale che i piani saltino a volte: e a quel punto, si rifà, ma con il sorriso.

Gli imprevisti ci tengono attivi e fanno in modo che non ci annoiamo mai.

È sempre una questione di come prendi le cose.

Se ti senti sopraffatto con quella sensazione di annegamento sarai più lento, come se fossi sott'acqua e non riuscissi a nuotare: le gambe per muoversi faranno più fatica e ti sembrerà di non riuscire a respirare.

Inoltre andrà tutto per il verso sbagliato.

Se invece vedi le cose in un'altra prospettiva e quando si presenta un problema (che fanno parte della vita) lo trasformi in possibilità e soluzione, tutto diventerà più veloce e la sensazione che avrai sarà quella di riemergere.

Quindi cerca di essere più organizzato e prova a vedere le cose nel verso migliore.

Se questo ti sembra difficile, immagina di essere investito da questo super potere.

Immagina un raggio di luce rossa e arancione che ti abbraccia e travolge.

Trasformati in Flash.

Hai fatto cose ben più complicate nella tua vita.

Sono sicura che ci puoi riuscire.

cose che faccio durantela giornata	riordinala dalla più importante a quella meno importante
1.	
2.	
3.	
4.	
5.	
6.	
7.	
8.	
9.	
10.	

"La natura ci ha dato due orecchie ma una sola lingua, per la ragione che siamo tenuti più ad ascoltare che a parlare"

Plutarco

Ognuno di noi nasce con un super potere e con uno scopo.

Credo che a questo punto non ci siano più dubbi.

La questione che però a molti sfugge è come trovarli.

Ad esempio nel lavoro.

Sin da piccoli siamo educati per categorie e differenze di genere.

Rosa alle bambine e azzurro ai maschietti.

I maschietti sono educati ad essere forti in tutte le situazioni mentre le bambine a essere empatiche.

Questo ci porta ad avere dodicenni maschi che non sanno come comportarsi e femmine furbissime.

Facciamo un salto di vent'anni e troviamo delle coppie che non comunicano perché non sanno come fare: la donna parla molto mentre l'uomo non dice nulla.

In più, in molti casi si è frustrati perché ci è stato insegnato che dobbiamo studiare, trovare un lavoro a tempo indeterminato, sposarci e avere due figli, maschio e femmina se è possibile.

Non per tutti questo piano funziona, e chi lo segue solo per rendere felice gli altri, ne esce sconfitto emotivamente.

Non è la regola ovviamente, ma molte volte è così.

Sarebbe bello se tutti facessimo ciò che amiamo di più, non ciò che ci viene imposto.

Ripeto: tutti noi nasciamo con uno scopo nella vita, un super potere, basta scavare nel profondo per riconoscerli.

Nel lavoro soprattutto quello di cui abbiamo bisogno è trovare il nostro Ikigai.

Ikigai (生き甲斐) è un termine giapponese che non ha una vera e propria traduzione nella nostra lingua.

Il suo significato letterale è "ragione per alzarsi la mattina" o "ragione d'essere", ovvero lo scopo che tu hai per alzarti ogni giorno.

Secondo alcuni, addirittura, sarebbe il segreto della longevità dei centenari di Okinawa.

Gli anziani di Okinawa hanno molto da insegnarci, sembra abbiano scoperto l'elisir di lunga vita.

Pensa che vengono anche definiti immortali!

Fatto reale è che gli abitanti dell'isola godono, in massima parte, di una salute eccellente.

I tre segreti di longevità della "terra degli immortali" sono: Ikigai, Moai e l'alimentazione.

Ikigai, ovvero il super potere che vorrei che trovaste, è definito così da uno studio condotto dall'Università di Sendai, in Giappone:

> "Il senso di Ikigai non riflette semplicemente fattori psicologici individuali (benessere, speranza), ma anche la consapevolezza individuale delle motivazioni per cui si vive; il suo significato ha a che vedere con l'avere uno scopo o una ragione per vivere.
>
> Il termine Ikigai viene comunemente usato in Giappone in frasi come "questo hobby è ciò per cui vale la pena vivere (Ikigai)", oppure "crescere i miei figli rende la mia vita degna di essere vissuta (Ikigai)".

Nel più autorevole dizionario giapponese l'ikigai è definito come provare gioia e senso di benessere per essere vivi, realizzare il valore di essere vivi.

Il secondo segreto è il Moai.

Questo è davvero interessante!

Moai è semplicemente lo stare insieme.

Sono gruppi di cinque amici che offrono servizi sociali, logistici, emotivi e economici l'uno all'altro per tutta la vita.

Come un patto.

Il gruppo sta sempre insieme sia nei momenti brutti che in quelli belli.

Celebrano i momenti importanti e si influenzano a vicenda sulle abitudini alimentari e di salute.

All'interno dei Moai tutti i componenti sono focalizzati sul benessere dell'intero gruppo.

Sono come una rete di supporto e condivisione totale e funzionano come una famiglia allargata.

Tutti sanno sempre che possono contare l'uno su l'altro e questo, a parer mio, è una cosa bellissima.

Il terzo è il cibo.

Come dice il detto: "dimmi come mangi e ti dirò chi sei"… forse non è un detto, ma il concetto è questo.

Gli abitanti di Okinawa mangiano molti vegetali, soprattutto il tofu, e seguono una sana regola alimentare.

Adottano, inoltre, alcuni trucchetti per non mangiare troppo e rimanere in forma: utilizzano piatti piccoli e non portano il cibo a tavola così da doversi alzare se hanno ancora fame.

Pensate, la loro dieta è stata analizzata da D. Craig Willcox, che ha raccolto le sue ricerche nel libro "The Okinawa Program".

Loro utilizzano in media almeno diciotto cibi diversi ogni giorno, molti dei quali di origine vegetale. Il riso non manca mai, fa parte di ogni pasto e spesso viene associato al pesce.

Poco sale e poco zucchero, quest'ultimo non è raffinato, ma di canna.

Utilizzano molti alimenti antiossidanti come tofu, miso, alghe, cavolo, cipolle e molti altri.

Bevono tantissimo tè Sanpincha (un mix di te e fiori di gelsomino) con straordinarie proprietà anti invecchiamento e gli Shikuwasa, agrumi tipici dell'isola, caratterizzati da una straordinaria acidità.

Questo popolo ha trovato il giusto equilibrio per vivere senza stress facendo ciò ama di più.

Ovviamente il loro stile di vita è difficile da replicare nella nostra società, ma possiamo concentrarci per trovare il nostro scopo.

Cerchiamo di capire di più su come trovare l'Ikigai.

Si trova esattamente nell'incrocio di queste quattro cose:

⇒ quello che siamo bravi a fare

⇒ quello di cui il mondo ha bisogno

⇒ quello che amiamo

⇒ quello per cui possiamo essere pagati.

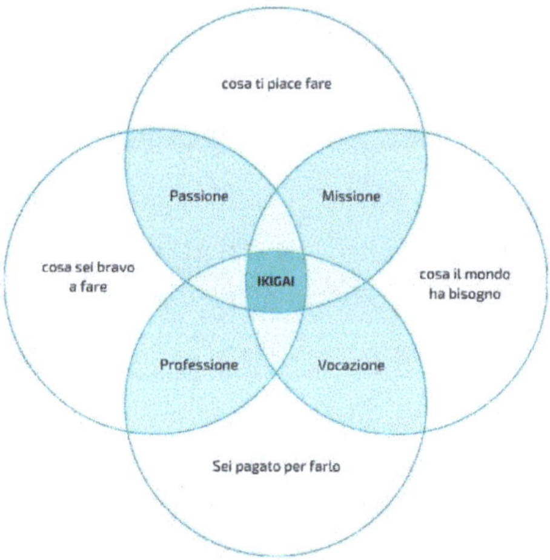

Un incrocio di passione, vocazione, missione e professione.

Questo potrebbe essere definito lo scopo della vita.

Tutte le cose che ci fanno stare bene aiutano il benessere fisico e mentale quindi fanno bene alla salute, abbassando la probabilità di ammalarsi e aumentando la longevità.

L'ikigai ovviamente può variare nel corso della vita.

Cambiano le dinamiche e le priorità, ma è importante che includa le amicizie e la famiglia.

Non si può essere felice senza legami.

Bisogna focalizzare tutte le nostre energie mentali nell'assaporare cosa di bello potremmo realizzare in futuro.

Per trovare il nostro Ikigai dobbiamo solo guardarci dentro.

Mi ha colpito molto un intervento che è stato fatto al TEDx di Rovigo nel 2019.

Gianluca Gotto parlava di Ikigai, ma per introdurlo raccontava come aveva vinto la sua paura di volare. Aveva capito che gli aerei sono fatti per volare.

Sembra banale, lo so.

Ma come gli aerei sono fatti per volare tu per cosa sei fatto?

Il primo punto per trovare il tuo Ikigai è proprio questo:

Cosa ami fare?

Pensa a qual è la tua passione più grande e non fartela scappare, questa è la chiave per il successo.

Ricorda che se fai ciò che ami non lavorerai neanche un giorno.

Cosa sai fare?

Ovviamente devi essere anche bravo.

Ad esempio io amo la musica classica, ma non sono brava a suonare il pianoforte quindi dovrei tornare al punto precedente.

Scava nella tua mente e cerca cosa ami e sei bravo a fare.

Come può aiutare gli altri?

Non stiamo parlando solo di sociale, ma di qualsiasi lavoro.

Tutto ciò che non crea danno agli altri aiuta e tu, devi avere ben in mente cosa suscita il tuo lavoro sugli altri. Vi faccio un esempio estremo per capire questo punto.

Voi amate il fuoco (punto 1), siete bravi a accendere i fiammiferi (punto 2).

Il punto 3 può essere o fare il piromane o il pompiere. Ovviamente il primo danneggia altre persone quindi non va bene.

Devi capire se la tua passione può danneggiare o aiutare il prossimo.

È un punto importante. Come si può monetizzare?

Un lavoro per dirsi tale va pagato, se no non è lavoro ma volontariato o hobbies.

Ora ci sono mille modi di guadagnare anche on line, siamo diventati tutti più smart, quindi nessuna scusa!

Non pensare a cosa può succedere facendo questo lavoro, le tue sono solo ipotesi, "del doman non c'è certezza" (grazie a Lorenzo il Magnifico per l'assist).

Devi vivere il qui e ora e cercare di essere felice ora per vivere al meglio il futuro, non il contrario.

Non sai se domani sarai qui.

Il 2020 ci ha insegnato che nulla può essere dato per scontato e che ogni cosa può cambiare, anche in maniera repentina.

È facile pensare al proprio Ikigai quando si sa cosa fare.

Quando studi medicina, ad esempio, sai da subito come sarà il tuo futuro.

Si è fortunati in quei casi perché il proprio scopo si è trovato subito e con il tempo si può solo migliorare.

Altro discorso vale per i lavori creativi o per quelli "non inquadrati", dove li ci sente persi a volte, si riconosce la passione, ma spesso non si riesce a monetizzarla.

Quando mi sento persa penso alla storia di una mia cara amica.

Io e lei ci frequentavamo alla fine del liceo. Lei voleva fare l'accademia del fumetto, ma i suoi genitori non erano d'accordo, volevano per lei un futuro più certo.

Hanno provato a convincerla in ogni modo, ma lei lo sentiva dentro, il suo cuore aveva già scelto e la sua mente era riuscita ad equilibrare la passione con la professione.

Era talmente brava che durante l'ultimo anno in accademia è stata scelta per uno Stage alla Walt Disney.

Finito lo stage è stata assunta per creare un film di animazione a Londra ed è volata a Los Angeles perché il suo lavoro è stato candidato agli Oscar.

Ora continua a lavorare, ha cambiato di nuovo città, si trova a New York per Netflix.

Penso sempre a quando si chiedeva se doveva andare contro tutti per seguire i propri sogni o lasciarsi trascinare dagli eventi.

Lei è la dimostrazione che non importa quanto non tradizionale può essere la tua passione: se ci credi puoi realizzarla.

Se ne hai una, quella che ti fa vibrare e ti fa alzare dal letto ogni mattina, coltivala e creane una professione.

Per rimanere in tema cito Walt Disney: "se puoi sognarlo, puoi farlo".

Non ti fare scoraggiare da chi ti dice di lasciare perdere.

Pensa a lei quando sei spaventato, alla sua forza e alla sua storia come sarebbe ora se non avesse avuto la caparbietà di ascoltarsi.

Tu solo sai chi sei.

Ascoltati.

"L'errore ci dona semplicemente l'opportunità
di iniziare a diventare più intelligenti"

Henry Ford

Tutti noi abbiamo vissuto situazioni che ci hanno segnato a vita.

Separazioni, abbandoni, malattie, errori, perdite.

Nel 2020 abbiamo vissuto una situazione surreale.

Una pandemia.

Coronavirus.

Sars Covid-19.

Uno schifo insomma.

Siamo stati tutti rintanati nelle nostre case cercando di sconfiggere questo nemico comune che nel migliore dei casi ci ha fatto perdere la libertà, nel peggiore ci ha portato via i nostri cari.

Alcuni di noi hanno contratto il virus, altri l'hanno vissuto come un'influenza, altri ancora non se ne sono accorti. Ognuno ha vissuto questo periodo a modo proprio ma tutti avremo quelle immagini e i trattamenti subiti o visti per sempre nella mente.

E poi c'è chi ha perso i propri amati, senza un saluto o un abbraccio.

Solo una parola detta al telefono e poi il silenzio.

Tutti noi porteremo questo periodo nel cuore come una ferita che prima o poi si cicatrizzerà, ma nel farlo lascerà il segno.

Come in ogni situazione possiamo decidere di agire o perire.

Anche nel peggiore dei momenti dobbiamo ricordarci che siamo noi a scegliere come vivere e Bene, è sempre la scelta giusta.

Quando penso alle cicatrici mi viene in mente una tazza ricostruita con la tecnica giapponese kintsugi.

Il kintsugi (金継ぎ), o kintsukuroi (金繕い), vuol dire riparare con l´oro.

È una pratica diffusa in Giappone che consiste nell´utilizzo di oro o argento o lacca con polvere d´oro per riparare piatti o tazze in ceramica.

Si utilizzano materiali preziosi per saldare assieme i frammenti.

Ogni ceramica riparata è unica per via della casualità con cui si è frantumata.

L'arte del kintsugi viene spesso utilizzata come simbolo e metafora di resilienza.

Questa parola anche un po´abusata nell'ultimo decennio, ci è amica perché contiene un forte potenziale.

Per chi non la conoscesse, Wikipedia la spiega in questo modo:

> "In Psicologia, la resilienza è un concetto che indica la capacità di fare fronte in maniera positiva ad eventi traumatici, di riorganizzare positivamente la propria vita dinanzi alle difficoltà, di ricostruirsi restando sensibili alle opportunità positive che la vita offre, senza alienare la propria identità.
>
> Sono persone resilienti quelle che, immerse in circostanze avverse, riescono, nonostante tutto e talvolta contro ogni previsione, a fronteggiare efficacemente le contrarietà, a dare nuovo slancio alla propria esistenza e persino a raggiungere mete importanti"

Le cicatrici che ci portiamo dentro non vanno nascoste, ma esposte.

Non devono essere motivo di vergogna perché grazie a esse siamo diventati la persona che vediamo riflessa nello specchio ogni giorno.

Molto spesso ci capita di nasconderci dietro a un sorriso finto o a un post di Instagram.

Dobbiamo essere forti e sempre sorridenti.

La società non ama chi sta male.

Ma perché?

Bisogna imparare a vivere le emozioni e lasciarle andare quando non servono più.

Nel terzo capitolo vi raccontavo la storia del professore che chiedeva quanto pesava il bicchiere d'acqua.

Ebbene, quel bicchiere dovete imparare a metterlo giù e fare tesoro delle cicatrici che avete.

Esponetele.

Come la tazza rotta diventa preziosa grazie all'oro utilizzato per ricostruirla, così tu mostra i tuoi errori e le tue sofferenze.

Fanno parte della tua vita.

Io non posso tirare le fila della mia vita ora, sono troppo giovane, ma posso raccontarvi alcuni momenti che ho vissuto; quelli che mi hanno portato ad essere la donna che leggete ora.

Adesso ho un equilibrio e sono felice e ringrazio tutti i giorni per questo, ma non è stato semplice.

Mi ricordo che subito dopo l'università ho iniziato il ciclo di stage e apprendistato infiniti e non pagati.

Ero frustrata perché amavo fortemente quello che facevo, ma non avevo abbastanza soldi per continuare a farlo.

Aspettavo dicendo a me stessa che prima o poi sarebbe arrivato il momento: ma quel momento non arrivava mai.

Addirittura per 2 anni ho lavoravo part time in un call center, mentre il pomeriggio andavo in un prestigioso ufficio in centro città a fare il mio vero lavoro.

Quello per cui avevo studiato.

Il primo mi serviva per pagare le bollette, il secondo per respirare.

Molti lavori fatti non mi sono stati pagati e mi sentivo presa in giro per questo e credevo di aver perso il mio tempo.

Addirittura nel 2017 ho aperto un brand di borse, "Venamore" era il suo nome, ma non sono riuscita a promuoverlo al meglio in quanto il giorno che ho aperto la partita iva ho scoperto di essere rimasta incinta del mio primo figlio.

Non voglio giustificarmi, sono solo consapevole che non avrei potuto spendere più tempo di quello che ho fatto.

Diventare genitore non è facile come non lo è diventare imprenditori, e fare queste due cose insieme per la prima volta è molto difficile.

Mi sono vergognata fortemente dei miei insuccessi e Venamore è stato il colpo di grazia.

Da lì è iniziato il mio Blackout.

Ora lo racconto con felicità perché molti di quei lavori non pagati mi hanno insegnato le abilità che mi mancavano, senza le quali e senza di esse oggi non avrei potuto monetizzare altri lavori.

Venamore, invece, mi ha insegnato ad essere un imprenditore in uno stato estero e a sbagliare.

Accusare il colpo, diciamo.

Mi ha insegnato a gestire un'impresa, pagare fatture e organizzare il mio lavoro e quello degli altri.

Si impara di più facendo errori che non facendoli.

Chi non fa non sbaglia.

Sembra banale, ma è così.

In America quando uno apre un nuovo Business si dice: "Fail fast", "sbaglia in fretta".

È un augurio perché è fondamentale concedersi la possibilità di sbagliare: dietro a ogni errore c'è un potenziale di crescita.

Gli errori ti formano per non farti sbagliare in futuro.

Essi come le cicatrici, servono a renderti migliore, creano quelle crepe dorate che ti fanno brillare.

Edison diceva:

> *"Io non ho fallito duemila volte nel fare una lampadina; semplicemente ho trovato millenovecento-novanta-nove modi su come non va fatta una lampadina."*

Con il tempo le persone non ricordano i tuoi insuccessi, ma i tuoi successi, quindi non tenerli con te, lasciali andare e portati dietro solo ciò che ti serve.

In queste occasioni penso a una storia Zen che lessi quando andavo al liceo e dalla quale non mi sono mai voluta separare.

Ci sono due monaci che devono raggiungere un monastero, devono fare molti chilometri, ma questo non li spaventa.

Cammina, cammina, ad un certo punto si ritrovano in una strada piena di fango.

Da lì passava una giovane e attraente ragazza.

Uno dei due monaci appena la vide si tolse la tunica per appoggiarla per terra e non farle sporcare le scarpe; l'altro non la guardò neanche negli occhi e passa avanti dritto e infastidito.

Dopo che la donna fu passata, il monaco si rimise la tunica e camminò in silenzio fino al monastero.

Poco prima di entrare il monaco imbronciato si rivolse a quello gentile e gli chiese: "lo sai che non possiamo avere contatti con donne, perché hai aiutato quella ragazza?" ed egli rispose "io quella donna l'ho aiutata e lasciata lì, tu l'hai portata con noi per chilometri. Chi di noi ha avuto un reale contatto con lei?"

Non ci soffermiamo con il pensiero su cose futili.

Anche se qualcosa che abbiamo fatto non andava fatta, lasciamola lì, nel suo tempo, e andiamo avanti.

Superiamo le situazioni.

Perdoniamo i nostri errori.

Non so bene quale sia l'insegnamento di questa storia Zen.

Credo che l'interpretazione varia a seconda del nostro vissuto.

Io la tengo con me per ricordarmi del "qui e ora".

Lascio il passato al passato e il futuro al futuro.

Vivo il presente perché altrimenti lo perdo e non lo rivivrò più.

Siamo frutto di tanti momenti, che ci hanno forgiato, ci hanno plasmato.

Emozioni, sbagli, vittorie e sofferenze.

Ogni singolo istante ci ha trasformato.

Non sarebbe giusto mostrare solo il bello perché è il brutto che ci ha reso migliori.

Permetti alla luce di entrare dentro di te.

Colma le tue ferite con l'oro.

Brilla, perché la cosa più preziosa che possiedi sei tu.

La sfera magica

"Si nasce sempre sotto il segno sbagliato
e stare al mondo in modo dignitoso vuol dire
correggere giorno per giorno il proprio oroscopo"

Umberto Eco

Mi ricordo con dolcezza verso me stessa il periodo in cui lavoravo al call center.

Vi ho raccontato nei precedenti capitoli il mio stato d'animo, ma non vi ho detto tutto.

Ero davvero molto triste e mi sentivo persa.

Avevo veramente paura che non mi sarei mai realizzata e cercavo di aggrapparmi a qualsiasi cosa.

Dovevo conoscere il futuro per scoprire se sarei riuscita a combinare qualcosa o sarei rimasta a vita in quel call center.

Anche se in realtà mi trovavo bene lí: non ero pagata male e i miei colleghi erano amici.

Il problema era che mi sentivo fuori posto.

Ho studiato tanto, lavorato per emergere, ho vinto anche dei premi per la mia professione e poi, il nulla.

Non poteva finire così.

Avete presente quella sensazione di irrequietezza?

Il tuo corpo è lì ma tu non ci sei, non ti senti bene, ti prende l'ansia quando ti svegli perché sai che dovrai andare lì ma vorresti solo scappare.

Dovevo fare qualcosa, a parte cercare lavoro ovviamente.

Consigliata da un'amica sono andata da un astrologo per farmi leggere il tema natale.

Per chi non lo sapesse il tema natale è la trasposizione delle stelle del giorno in cui sei nato.

Ogni tema è differente perché personale, bisogna avere la data e l'ora di nascita.

Non è un semplice oroscopo, è il tuo oroscopo!

Quindi vado.

80 euro.

Ne sono uscita contenta, nonostante la cifra: mi ha letto il passato ed è stato perfetto.

Mi ha raccontato cose di me che non percepivo "grazie alle stelle", mi ha fatto vedere un nuovo modo di approcciare alle situazioni.

Mi sentivo meglio, ma solo per qualche mese, non di più.

Tornato lo sconforto torno da lui 80 euro.

Mi ha ripetuto le stesse cose, in modo un po´ripetitivo, ma mi ha ridato speranza.

Il benessere è durato un paio di mesi. Allora ho deciso di ritornare, perché la situazione non era risolta.

80 euro.

Questa volta mi legge il futuro! Finalmente, ma con una previsione di 5 anni che prima che si avveri me la sono già scordata.

Ma sto bene, sono carica a mille e ho un sacco di voglia di fare.

Tutto ciò è davvero molto divertente perché, come vi ho raccontato, anche io so fare questo trucchetto: e ci sono cascata come una pera!

Non credo che le stelle mi abbiamo parlato come non credo che lui potesse leggere il futuro, ma in quel momento era la persona giusta al momento giusto.

È riuscito a dirmi quello di cui avevo bisogno per farmi fare il grande passo ovvero trasferirmi in Germania.

Lasciare i tuoi amici e i tuoi genitori e un lavoro per andare a vivere in un'altra nazione senza conoscere la lingua e con pochi soldi, fa paura.

Lui, dicendomi cose bellissime, mi ha dato la spinta giusta e a me rimaneva il compito di far avverare quelle predizioni.

Avevo bisogno che qualcuno mi facesse credere di avere una possibilità e lui ovviamente, con il potere dell'empatia, mi ha servito quello di cui avevo bisogno.

Quando ci sentiamo in trappola la nostra mente cerca qualsiasi appiglio pur di uscirne.

Il mio appiglio è stato lui.

Ero persa davvero.

Bisogna solo rendersi conto di cosa stiamo facendo, a chi stiamo dando i nostri soldi.

Vi ho scritto quanto ho pagato perché è importante.

Nei momenti più bui spesso ci affidiamo a chiunque tranne che a dei professionisti.

Il lavoro che ha svolto lui è lo stesso che avrebbe potuto svolgere una psicologa, anzi sicuramente lei avrebbe fatto meglio.

Bisogna fermarsi prima che diventi una malattia.

Cartomanzia, astrologia, connessione con i defunti o le sfere di cristallo non sono metodi razionali.

Siamo noi a decidere il nostro futuro e solo lavorando possiamo ottenere ciò che vogliamo.

Poi, scavando un po' di più ho scoperto una cosa sconvolgente: il mio segno di nascita è sbagliato!

Io, nata il 29 gennaio 1984 alle h 12.13 non sono un acquario ascendete toro.

Una vita a leggere oroscopi influenzando le mie giornate per nulla.

Cosa ho appena detto?

Una vita a leggere oroscopi influenzando le mie giornate per nulla.

Quindi cambiando il pensiero cambia la giornata… non l'avevo ancora detto.

Dicevo che non sono un acquario.

Ora vi spiego il perché, ma prima un po´di storia:

I babilonesi furono i primi a credere che tra le costellazioni e gli avvenimenti terreni vi fosse una corrispondenza.

Nel il libro "Enuma Anu Enlil" troviamo i primi tentativi di interpretazione degli eventi celesti suddivisi in quattro grandi categorie.

Ogni categoria è legata a una divinità.

Ricordiamoci che in tempi antichi tutto ciò che riguardava l'universo era temuto perché non si conosceva.

Come l'eclissi ad esempio, che poteva essere di buono o cattivo auspicio.

Dopo qualche secolo l'astrologia si diffuse nel Mediterraneo e nel terzo secolo a.C. i greci cominciarono a predire, oltre il corso degli eventi, anche l'oroscopo.

Un'altra cosa da sapere oltre la parte storica è quella scientifica: la posizione del sole.

Perché è il sole che crea le costellazioni facendo ombra alle stelle.

La posizione del sole descritta nei testi antichi è cambiata.

Quindi l´oroscopo di oggi non può essere basato su quello scritto dai Babilonesi.

Il moto della Terra è definito come movimento di precessione (sono andata a cercarmi la definizione, visto che non è il mio campo) che determina un costante spostamento dell´asse terrestre con un ciclo di 26.000 anni: in seguito a questo movimento ogni 2.000 anni il Sole cambia segno zodiacale.

Cosa vuol dire?

Che il sole non è più nella stessa posizione quindi le mappe di riferimento non sono più le stesse.

La terza cosa che ho scoperto e che mi ha fatto saltare dalla sedia è che sono un Capricorno, questo perché i segni sono 13 e 12 i mesi.

Hanno fatto un gran casino eliminando il povero Ofiuco per far sì che fossero più lineari: 12 segni per 12 mesi.

Povero Ofiuco, dovrebbero creare un'associazione per i nati sotto il segno di Ofiuco e bistrattati dal movimento degli astrologi.

Queste sono le vere ingiustizie!

Scherzo ovviamente.

Se guardiamo la tabella fornita dalla sempre presente Wikipedia possiamo capire che ci hanno ingannato e non siamo del segno che pensavamo di essere, quindi la lettura dell'oroscopo non può essere veritiera.

Noi siamo abituati a leggere le date astrologiche Tropicale ma quelle "reali" sono dall'anno 2000.

Guarda qui.

Segno	Simbolo		Date astrologiche		Date astronomiche (J2000)
			Tropicale	Siderale	
Ariete	ariete	♈	21 marzo – 20 aprile	14 aprile – 14 maggio	19 aprile – 13 maggio
Toro	toro	♉	21 aprile – 20 maggio	15 maggio – 14 giugno	14 maggio – 19 giugno
Gemelli	gemelli	♊	21 maggio – 21 giugno	15 giugno – 16 luglio	20 giugno – 20 luglio
Cancro	granchio	♋	22 giugno – 22 luglio	17 luglio – 16 agosto	21 luglio – 9 agosto
Leone	leone	♌	23 luglio – 23 agosto	17 agosto – 16 settembre	10 agosto – 15 settembre
Vergine	giovane donna	♍	24 agosto – 22 settembre	17 settembre – 17 ottobre	16 settembre – 30 ottobre
Bilancia	bilancia	♎	23 settembre – 22 ottobre	18 ottobre – 16 novembre	31 ottobre – 22 novembre
Scorpione	scorpione	♏	23 ottobre – 22 novembre	17 novembre – 15 dicembre	23 novembre – 29 novembre
Ofiuco	serpentario	⛎			30 novembre – 17 dicembre
Sagittario	centauro	♐	23 novembre – 21 dicembre	16 dicembre – 14 gennaio	18 dicembre – 18 gennaio
Capricorno	mostro marino	♑	22 dicembre – 20 gennaio	15 gennaio – 12 febbraio	19 gennaio – 15 febbraio
Aquario	portatore d'acqua	♒	21 gennaio – 19 febbraio	13 febbraio – 14 marzo	16 febbraio – 11 marzo
Pesci	pesci	♓	20 febbraio – 20 marzo	15 marzo – 13 aprile	12 marzo – 18 aprile

Anni e anni a prendere in giro la mia migliore amica per via del suo segno e dell'´essere pignola e perfettina per poi scoprire che di quel segno sono io.

Lei invece, nata il 14 gennaio, diventa automaticamente Sagittario.

Che casino!

Proviamo a fare un esperimento.

Ora vi metto 2 oroscopi, uno di Paolo Fox e uno di Robert Brezsny (quest´ultimo lo adoro).

> "Durante la giornata di oggi e in generale in questo periodo vivete giornate davvero importanti per il vostro segno, sfruttatele a pieno. Marte entra nel segno per cui avrete tanta energia e voglia di far bene. Inoltre da qui ad aprile Giove e Saturno saranno in ottimo aspetto, per cui potrete portare avanti con entusiasmo"
>
> Paolo Fox

> "Le prossime settimane saranno un periodo favorevole per abbandonare le vecchie abitudini che ti fanno sprecare energie e crearne di nuove, più costruttive, che ti saranno utili nei prossimi mesi e anni. Ti offro questa riflessione dello scrittore e

naturalista Henry David Thoreau: "Come un singolo passo non crea un percorso sulla terra, un singolo pensiero non crea un percorso nella mente. Per un vero percorso fisico, dobbiamo camminare molto. Per un vero percorso mentale, dobbiamo pensare spesso a ciò che vorremmo dominasse la nostra vita".

Robert Brezsny

È stato scritto per te vero?

Non mi mentire, lo so che mentre lo leggi hai pensato che ho preso come esempio proprio il tuo segno.

Non ti dico quale è il segno reale ma se spogli ogni predizione dalla sua etichetta vedrai che vale per tutti.

Sei tu che interpreti, loro scrivono in maniera generica per farlo calzare a tutti.

L'unica volta che è andata male è stata nel 2019 quando il povero Fox ha detto che "erano favoriti gli spostamenti nel 2020".

Credo si riferisse dalla cucina alla camera da letto passando per il bagno, per i più fortunati anche balli e canti sul balcone.

Scherzi a parte, l'interpretazione che avete dato si chiama "Effetto Forer".

Prende il nome dallo psicologo Bertram R. Forer che nel 1948 consegnò un test di personalità ai suoi allievi chiedendo loro di giudicare se aveva letto la loro personalità in maniera impeccabile.

Avevano una scala che andava da 0 (molto scarso) a 5 (eccellente).

Cosí recitava:

> «Hai molto bisogno che gli altri ti apprezzino e ti stimino eppure hai una tendenza a essere critico nei confronti di te stesso. Pur avendo alcune debolezze nel carattere, sei generalmente in grado di porvi rimedio. Hai molte capacità inutilizzate che non hai volto a tuo vantaggio. Disciplinato e controllato all´esterno, tendi a essere preoccupato e insicuro dentro di te. A volte dubiti seriamente di aver preso la giusta decisione o di aver fatto la cosa giusta. Preferisci una certa dose di cambiamento e varietà e ti senti insoddisfatto se obbligato a restrizioni e limitazioni.
>
> Ti vanti di essere indipendente nelle tue idee e di non accettare le opinioni degli altri senza una prova che ti soddisfi. Ma hai scoperto che è imprudente essere troppo sinceri nel rivelarsi agli altri. A volte sei estroverso, affabile, socievole, mentre altre volte sei

introverso, diffidente e riservato. Alcune delle tue aspirazioni tendono a essere davvero irrealistiche.»

La media fu di 4,26.

Aveva preso il massimo da quasi tutti.

Questo profilo vago e contraddittorio calza a tutti e la cosa buffa è che Forer è partito da una rivista astrologica per stenderlo.

Ora che avete tutti gli elementi vi dico che io continuerò a leggere l'oroscopo di Robert Brezsny perché mi piace e mi fa sorridere.

Come continuerò a essere un acquario e ringrazio l'astrologo per avermi dato il coraggio e la mia amica per avermelo consigliato.

Faccio tutto questo con consapevolezza.

La vita è nelle mie mai.

Io gestisco presente e futuro.

Solo io posso influenzare le mie giornate.

Anche tu come me puoi fare questo.

Se ti fa stare bene affidati alle stelle, a Dio o a chi vuoi, ma ricordati che solo tu puoi decidere cosa fare e come farlo.

Non smettere mai di credere in te stesso.

L'unica stella qui, sei tu.

Tu

La vita è un'altalena di emozioni.

Bella da morire!

Pensiamo al parto per esempio.

Il dolore più forte che un essere umano possa provare e subito dopo la gioia più intensa della vita.

La vita è così, ci toglie per poi darci.

Dobbiamo essere in grado di accogliere ciò che di più bello possediamo: noi stessi.

Ho voluto raccontarmi a te per portarti nella mia mente e mostrarti che non bisogna essere dei super eroi per fare cose straordinarie.

Siamo sempre paragonati a persone migliori di noi, che in realtà non esistono.

Guardiamo modelli sbagliati sui Social, ammirandoli senza sapere realmente cosa accade quando spengono il telefono.

A tutti capitano momenti no.

Tutti facciamo errori.

Tutti abbiamo paura di fallire.

Se tu mi conoscessi oggi, diresti: “beh, questa fa il lavoro dei suoi sogni, è in salute, ha una bella famiglia ed è felice. Fa in fretta a parlare”.

Invece no, ti ho mostrato un pizzico della mia vita, le mie cadute, i miei insuccessi per diventare la donna consapevole e felice che vedi ora.

Se sono riuscita io puoi farlo anche tu.

Non so chi tu sia e quale sia la tua vita ma io ti parlo come se scrivessi a una persona a me cara.

Non mollare mai.

Cadere fa parte della vita, ma bisogna rialzarsi.

Sempre.

Se non trovi la forza in te cercala negli altri.

Poniti piccoli obiettivi per poi alzare piano piano il tiro.

Puoi farlo.

Ripensa a tutta la tua vita e alle cose fantastiche che sei riuscito a fare: perché ora non dovresti?

Se ti può far stare meglio prendi un sassolino e mettilo in tasca, ogni volta che ti senti di non poter fare qualcosa, sfioralo e attiva la magia.

Ricorda: nessuno aprirà mai il cassetto dei tuoi sogni all’infuori di te.

Apri quel cassetto e realizza ciò che vuoi.

La vita è tua.

Vivila al massimo.

Inizia adesso.

Scegli di brillare.

La Pathos Edizioni per i bambini

ASSOCIAZIONE ONLUS 'GLI AMICI DEL MONDO DI BEA'

Vi do il benvenuto nel mio mondo.
Per tutta la mia breve vita sono stata affetta da una malattia sconosciuta che ad oggi non ha ancora un nome e, nonostante questo, sono riuscita a vivere ogni momento in maniera unica e speciale.
Per otto anni e mezzo il mio corpo ha cercato di ribellarsi al secondo scheletro che lo ha avvolto, trasformandomi nella 'bambina di pietra'. Ma io ero una splendida bambola dai capelli ricci e amavo la vita più di chiunque altro, anche se prigioniera dell'immobilità. Un odioso cancro al cervello ha portato via la mia mamma nell'agosto del 2017. Io, insieme al mio papà, alla zia Sara e a tutta la famiglia, decisi di continuare a portare avanti i suoi progetti. Attraverso la nostra Onlus "Gli Amici del Mondo di Bea" volevamo contribuire alla ricerca sulle malattie rare e aiutare tanti bambini sfortunati come me. Il 14 febbraio 2018, giorno dedicato all'amore, sono volata via riabbracciando così la mia mamma.
Nel mio mondo imparerete che i limiti sono solo mentali, perché anche con una carrozzina si può decollare.
Se volete aiutarci, troverete tutte le informazioni sulla nostra pagina Facebook "Il mondo di Bea" o acquistando il libro "#LEGGERA COME UNA PIUMA. Il Mondo di Bea" scritto da mia zia, Sara Fiorentino. Buona Vita.

Vostra Bea

La Pathos Edizioni per gli animali

E.N.P.A. - CANILE MUNICIPALE CHIERI – TORINO

Il Canile di Chieri è un canile sanitario di prima accoglienza - con annesso rifugio – fortemente voluto dall'amministrazione comunale e riconosciuto 'quattro stelle' dalla Regione Piemonte.
Concepito su criteri di efficienza ed integrazione e costruito tra il 2000 e il 2001, è stato inaugurato il 17 ottobre 2001. Oltre all'accoglienza, la gestione del randagismo comprende tutti gli interventi veterinari, incluse le operazioni chirurgiche per i cani politraumatizzati e le cure sanitarie per animali giovani e anziani. Il nostro obiettivo consiste nel pensare al canile come ad una realtà all'avanguardia, attenta al benessere dei cani ospiti e aperta ai cittadini. Ad un luogo dove animali e persone possano incontrarsi, entrare in relazione ed uscirne arricchiti.

La Pathos Edizioni per ragazzi della Tanzania

ASSOCIAZIONE KIRUA CHILDREN ONLUS

L'Associazione Kirua Children Onlus, fondata nel 2009, opera in Tanzania e sostiene direttamente piccoli e ambiziosi progetti radicati nel contesto locale, volti all'istruzione e alla formazione professionale di bambini e ragazzi di strada e al supporto di famiglia disagiate. Padre Peter Kilasara Kassy, fondatore della Cappellania Cattolica Anglofona di Torino e missionario in Tanzania, è l'ispiratore di "Kirua Children Onlus". La nostra collaborazione nasce dall'incontro con Cristina Barettini, presidente dell'Associazione e volontaria.

PATHOS
EDIZIONI

Finito di stampare
Giugno 2021
Rotomail Italia S.p.A. – Vignate (MI)